Eva Karl Faltermeier

Mama fatale

Eva Karl Faltermeier, Jahrgang 1983, ist gelernte Journalistin und erfolgreiche Kabarettistin. Ihr erstes Programm ›Es geht dahi‹ wurde 2021 mit dem Senkrechtstarter-Preis des Bayerischen Kabarettpreises, dem Prix Pantheon Jurypreis, dem Thüringer und dem Solinger Kabarettpreis ausgezeichnet. Sie erhielt den Kulturpreis des Bezirks Oberpfalz und errang beim Comedy Pokal Hamburg und dem Stuttgarter Besen den 2. Platz. Karl Faltermeier schreibt zudem für ›Eltern ohne Filter‹ und Bayern 2 und betreibt den Podcast ›Es lafft‹. Ihre Leidenschaft sind gute unterhaltsame Geschichten.

Eva Karl Faltermeier

MAMA FATALE

Bekenntnisse einer
Erziehungsberechtigten

dtv

Coverfoto: Linda Kohl
Umschlaggestaltung: Boutique Brutal unter Verwendung
eines Fotos von Linda Kohl
Satz: C.H.Beck.Media.Solutions, Nördlingen
Gesetzt aus der Dante MT Pro
Druck und Bindung: Druckerei C.H.Beck, Nördlingen
Printed in Germany · ISBN 978-3-423-35204-8

Für Fanni und Severin und Kristina Weber, Giuliere,
Pola und Andrea Platzer, aus Gründen.

Danke an Valentina, Iris, Binsi, Caro, Teresa, Michi, Linda,
Hannes, Martina, Lisa, Susi Engl, Maria, das EoF-Team,
meine Eltern und Tanten.

Inhalt

Einführung in die wunderbare Welt der unperfekten Mütter

Mangels Vergleichsmöglichkeiten war meine Mutter immer perfekt für mich. Warum ich keinen Vergleich hatte? Nein, ich bin nicht auf einer Berghütte ohne soziale Kontakte aufgewachsen, aber man hat die Gefühle, die man zu einer Mutter hat, nur zu dieser einen Person. Ich konnte zwar vielen anderen Müttern beim Leben zuschauen als Kind. Getauscht hätte ich jedoch nie. Klar war das super, wie manche Freundinnen immer alles durften, etwa in den Urlaub fahren, und wie sie mit ihren Müttern über den ersten Kuss und den ersten Freund sprachen, aber bei mir war das nun mal nicht so. Und ich war sehr zufrieden. Weil meine Kindheit gut war und ich mich wohlfühlte.

Natürlich gab es Zeiten, in denen meine Mutter und ich uns gegenseitig sehr gerne in irgendeine Umlaufbahn geschossen hätten – am besten in die von zwei unterschiedlichen Planeten. Aber wir wussten immer: So in Rage kann uns nur die jeweils andere bringen. Irgendwie auch schön. Und dieses wohlige Gefühl konnten wir lange genießen. Denn meine Pubertät war so intensiv und langwierig, dass sie für zehn normale Pubertierende gereicht hätte, und die Fronten zwischen meiner Mutter und mir waren oft massiv verhärtet. Aber als ich dann selbst Mutter war, habe ich festgestellt: Mama ist immer noch die Beste.

Klar, wir erziehen unterschiedlich, die Zeiten haben sich

geändert und wir uns mit ihnen. Meine strenge Mutter war bei der Geburt meiner Tochter eine sehr entspannte Großmutter geworden, und ich wurde mit jedem Stillvorgang plötzlich konservativer. Die ersten Lebensjahre meiner Tochter war das einzig Coole an mir, also das Letzte was an die Punk-Zeiten von früher erinnerte, der »Ramones«-Body meiner Tochter in Größe 68.

Anfangs arbeitete ich mich sehr tief ins Muttersein ein. In Theorie und Praxis. Sämtliche modernen Erziehungsratgeber, meine Hebamme und meine Freundinnen schrien es mir förmlich ins Gesicht: Wir erziehen jetzt alle bindungsorientiert, bedürfnisorientiert und nicht mehr wie in der Nachkriegszeit. Denn die Generation unserer Eltern hatte eben nicht recht, wenn sie uns erklärte, dass wir Babys verwöhnen würden, statt sie schreien zu lassen. Und es war auch nicht richtig, fest nach einem bestimmten Rhythmus zu füttern.

All das leuchtete mir ein, und ich konnte mich darüber mit meiner Mutter gut austauschen. Aber ich muss zugeben, wenn meine Freundinnen ausgiebig und intensiv über »Baby led weaning« (vom Baby geführtes Entwöhnen und Abstillen) referiert haben, habe ich innerlich sehr oft an andere Dinge gedacht, das eigene Abendbrot zum Beispiel. Mein Ziel war es nicht, alles nach neuesten Methoden richtig zu machen, denn mir war klar: Die neuesten Methoden würden – sehen wir den Tatsachen mal ins Auge – genauso in zwanzig Jahren als veraltet gelten. Deswegen kann ich mir einfach nicht vorstellen, dass Menschen je in einer komplett durchdifferenzierten Welt die eine perfekte Methode finden werden, nach der Kinder erfolgreich und komplett schadenfrei aufgezogen werden können. Und ich gehöre außerdem zu den Menschen, denen es überhaupt keine Sicherheit gibt, sondern nur Unsicherheit, wenn sie sich bei der Erziehung stur an das neueste Hype-Erziehungsstandardwerk halten sollen. Ich empfinde es als beklemmend. Ich weiß beispielsweise eh, dass ich nicht schreien sollte, aber – Überraschung – ich schreie trotzdem. Und dann war ich wieder nicht die coole Leitwölfin, die der dänische Familientherapeut Jesper Juul in einem seiner Bücher beschreibt. Sondern ich war dann halt Eva Karl Faltermeier am Rande eines Nervenzusammenbruchs, leicht hangry um 11:35 Uhr in der Küche während eines Streits ihrer Kinder 2022.

»Wer seine Kinder nicht anschreit, der sieht sie zu selten«, hat mir eine Freundin neulich geschrieben, und ich habe das gefühlt.

Aber nach dem Schreien fühle ich mich halt dann auch wie Mist. Ich fühle mich erbärmlich, nicht als souveräne Checkerin der Situation, ich fühle mich wie Schrott. Wie eine Schrott-Mama. Einfach nicht gut. Ich habe das Ideal nicht erreicht. Also dieses Ideal, von dem alle reden. In meinen Versuchen, bindungsorientiert zu erziehen, schicke ich meine Kinder dann doch um 22 Uhr alleine ins Bett, um noch meine Steuererklärung machen zu können. Weil ich nach zwei Stunden ruhigem Überreden, Kuscheln, Lesen und Einschlafbegleitung keine Nerven mehr habe und alleinerziehend bin. Das bedeutet – liebe VerfasserInnen aller Ratgeber –, dass niemand meine Arbeit als Selbstständige erledigt, während ich meine Kinder in den Schlaf kuschele. Bitte findet selbst in den Schlaf. Bitte – nur heute.

Und dann denke ich wieder: Die Kinder werden so schnell groß, was sind schon zwei bis drei Stunden Einschlafbegleitung? Und wieso schaffe ich das nicht? Aber ob es ihnen wirklich hilft, wenn ich die Einschlafbegleitung mache und wir langfristig aus unserem Haus ausziehen müssen, weil ich die Buchhaltung und Rechnungen abends nicht mehr schaffe?

Ich bin unentschlossen. Welche Mutter will ich sein? Woher kommt es, dass wir so wahnsinnig viel über die Erziehung unserer Kinder nachdenken? Sind wir die erste Generation Eltern, die alles richtig machen wollen? Weil die Welt nach uns eine andere sein muss? Oder sind unsere Kinder dann als Erwachsene nur dauergehypte Egomanen? Wir wissen es nicht. Wir können es nicht sagen.

Elternteil sein heißt auch: immer nur auf Sicht zu fliegen. Mit Gefühl und einer sehr langsam wachsenden Technik. Und hinten im Gepäckraum der alten einmotorigen Maschine liegen als Dauergepäck das schlechte Gewissen, die Ratschläge, die Erfahrungen mit den eigenen Eltern und die angefangenen Psychotherapien und schauen uns beim Versuch, selbst fliegen zu wollen, vorwurfsvoll an.

Wir können es nur falsch machen, stimmt's? Es ist so, oder? Streckenweise sind wir so unentspannt beim Elternsein, dass wir nicht lachen können, wenn Witze darüber gemacht werden, dass wir andere Eltern dauerbeobachten und kritisieren und in Abwesenheit der Kinder kein anderes Thema mehr kennen als sie. Weil sie ja die erste perfekte Generation sein werden. Ihr bemerkt hoffentlich meinen spöttisch-zweifelnden Unterton. Fakt ist jedoch: Wir wissen nicht, was geschehen wird, wir erziehen nach dem eigenen Vermögen, nach bestem Wissen und Gewissen. Und dann kommt da irgendetwas heraus. Irgend so ein Mensch. Unser Kind.

Lasse ich meine letzten acht Jahre als Mama Revue passieren, bin ich mir in Erziehungsdingen nur bei einer Sache sicher: Wir müssen uns alle weniger stressen, weniger wichtig nehmen und weniger unter Druck setzen. Und genau deshalb habe ich dieses Buch geschrieben. Zunächst einmal: Wer es ernst nimmt, sollte vielleicht etwas Zeit im Keller verbringen, um das Lachen zu üben. Und allen anderen, die trotz Erziehung noch Humor haben, möchte ich sagen, dass bei Eltern nichts falsch ist, solange es Liebe zu den Kindern gibt und das ehrliche Bemühen, es bestmöglich zu machen. Wer sind wir, andere ständig zu beurteilen? Wer sind wir, an uns selbst kein gutes Haar zu lassen? Was soll das ganze Verkopfte? Was sagt unser Bauch? Und sind nicht alle, die sich nonstop überhaupt so viele Gedanken um die Erziehung machen können, wahnsinnig privilegiert? Also, ich frage nur mal laut.

Die folgenden kleinen Geschichten sind ziemlich erfunden und zusammengetragen, dennoch auch irgendwie wahre Collagen. Trotzdem gibt es in jeder Geschichte eine Ich-Erzählerin, und der Einfachheit halber bin das immer ich. Ich nehme es euch jetzt mal ab, die Mama of Disaster zu sein. Seid euch beim Lesen sicher: Es gibt immer noch eine chaotischere Mutter als euch selbst – und es gibt auch unfassbar viele, die den Ratgebern und momentanen Idealen nicht entsprechen, weil sie einfach Menschen sind. Menschen, die scheitern, leben und sich jeden Tag Mühe geben. Die stets versuchen nachzujustieren – und erneut scheitern, aber anders. Oft an sich selbst, an der Müdigkeit.

Männer, Väter und jene, die sich nicht definieren, dürfen dieses Buch natürlich auch lesen – weil ein schlechtes Beispiel kann optimal für alle gelten. Grenzenlos schrottig also. Und somit: perfekt.

Schwangerschaft

Und wann sage ich das jetzt?

»Eva, warum bist du so grün im Gesicht? Ist dir schlecht?«
Meine Freundin Steffi schaut mich prüfend an, und ich
bleibe betont stoisch. Allerdings würde ich es am liebsten
rausbrüllen. Ich würde es gerne an Wände schreiben, einen
Newsletter verschicken und einen Zeppelin mit einem
Spruchband über der Stadt kreisen lassen, denn ich bin
schwanger. Und ich bin so schwanger, ich atme schwanger,
ich schwitze schwanger, ich rieche schwanger – ich bin die
schwangerste Frau seit jeher.

Nach insgesamt drei Fehlgeburten und wenig optimis-
tischen Aussagen mancher Ärztinnen ist es für mich auch
wie ein Wunder: Dieses Kind scheint zu bleiben. Noch. Ich
traue es mich gar nicht zu denken, weil ich so abergläubisch
bin. Und außerdem will ich Steffi nicht ihren Moment nehmen, weil sie mir gerade gesagt hat, dass sie auch schwanger ist. »Die zwölfte Woche ist jetzt vorbei, und jetzt schaut
es einfach gut genug aus – jetzt sagen wir es«, verkündete
sie mir stolz. Wo ich sie so ansehe, merke ich, dass sie schon
anders sitzt, anders atmet und anders geht. Sie ist ebenfalls
sehr schwanger. Doch während sich meine Schwangerschaft
anfühlt wie ein unwirklicher Dauer-Magen-Darm, scheint
Steffi genau zu wissen, wie man das macht. Dieses freudige
Erwarten.

Steffi gesteht mir, bereits einen mehrstufigen Plan bis

zur Geburt des Kindes zu haben. Eventuelle Ängste zeigt sie derweil überhaupt nicht, und es wirkt, als wäre sie schon zum zehnten Mal schwanger. In mir tobt hingegen seit dem positiven Test eine Art innerer Kampf. Einerseits ist es nach drei Fehlgeburten, vergeblichen Versuchen und vielen Tränen wirklich wunderbar, dass es nun wohl endlich geklappt hat. Andererseits kann ich mein Glück gar nicht fassen, bin hypernervös und denke mir ständig, dass das wohl nicht mehr lange gut geht mit der Schwangerschaft. Als ich nach dem Test bei meiner Frauenärztin zum Ultraschall war, hatte sie eine Sekunde lang die Augen zusammengekniffen – und mir waren schon die Tränen eingeschossen: Klar, jetzt ist es vorbei. War es aber gar nicht. Sie hatte nur ihre Brille verlegt.

Und dann würde ich so gerne mit allen über meine Ängste und meine Freude und den Hormonwandel reden, aber bisher weiß es nur mein Mann, und der sagt dann mit gleichgültigem Ton Dinge wie: »Wow, schon verrückt so ein Baby / weiblicher Körper / Gynäkologe ohne Brille.«

»Das Wichtigste an einer Schwangerschaft ist einfach, dass man ruhig bleibt. Kein Stress. Das überträgt sich ja sonst aufs Kind«, erklärt mir Steffi, und ich bin mir für einen Moment nicht sicher, ob sie und ich gleichzeitig in derselben Stadt schwanger sein können. Regensburg hat zwar mit 165 000 EinwohnerInnen auf den ersten Blick genügend Fassungsvermögen, aber meine Nerven hatten nicht ausreichend Kapazität für Steffis Weisheiten.

Überhaupt ist mein Zustand gerade vollkommen zerrissen. Endlich schwanger, aber trotzdem schlechte Gesamtverfassung, Lust, es allen zu erzählen, und trotzdem die Angst vor einer weiteren Fehlgeburt. Und dann noch das

Wissen, dass es auch im Fall einer Fehlgeburt gut sein kann, es allen zu erzählen, weil sonst ja niemand weiß, dass man gerade trauert. Und wie sollen dann alle Rücksicht nehmen? Verzwickt. Alles.

Und natürlich: Ich habe mich auf die Schwangerschaft mein ganzes Leben lang gefreut. Klar auch deswegen, weil ich ein Kind wollte und der Weg dahin beschwerlich war. Aber auch, und da bin ich vor mir selbst ganz ehrlich, weil ich einfach mal eine Pause gebraucht habe vom Arbeitsleben.

Die Aussicht auf Mutterschutz und Elternzeit war so verlockend. Die Chance, noch mal ganz neu anzufangen, irgendwie. Steffi erzählt gerade, wie sehr sie sich freut, dass sie mit Kind später nicht mehr auf Silvesterpartys muss, weil sie die schon immer gehasst hat. »Da kann ich dann endlich mal ausschlafen.« Ich muss innerlich grinsen. Klar, so wie junge Eltern ja immer dauernd ausgeschlafen sind. Und gerade wenn Feuerwerke knallen, schlafen Kinder besonders gut durch. Oh Gott. Vermutlich habe ich bei meiner Sehnsucht nach Elternzeit etwas übersehen. Mir wird übel. Also noch mehr als eh schon ständig. Steffi ist nicht übel. Sie strahlt und plappert weiter.

Ich beneide Steffi um ihre Ambitionen, das Leben des Ungeborenen bereits jetzt komplett durchzuplanen, bei gleichzeitiger kompletter Ahnungslosigkeit. Und die ist ihr überhaupt nicht bewusst. Dafür spüre ich das in meinem neuen Zustand quasi stündlich umso stärker: das Wissen, dass ich nichts weiß. Und dazu dieses Gefühl, dass da jetzt einiges anders kommen wird als erwartet. Alles vermutlich.

Steffi beschreibt mir in den schillerndsten Farben, wie sehr sich ihr Mann Christoph auf das Vatersein freut und wie geeignet er dafür zu sein scheint. »Weißt du, der Christoph wird mal ein absolut super Vater, das merke ich schon, wie der einen Einkaufswagen schiebt. So verantwortungsvoll. Weißt, wie ich mein?«

Und da passiert es. Ich habe plötzlich keine Lust mehr auf Rausschreien und beschließe still für mich, meine Schwangerschaft einfach niemandem zu erzählen. Ist doch auch egal. Muss wirklich keine Sau wissen, dass ich schwanger bin. Hat das schon mal jemand gemacht? Schlicht nichts kommentiert? Ganz stoisch geblieben? Jede Frage nach einer Schwangerschaft cool abgeblockt: »Nein, ich bin nicht schwanger, ich hab nur zugenommen. Nein, ich trinke Alkohol, aber nur alleine daheim und nicht unter Leuten. Das wirkt jetzt nur so, als hätte ich Morgenübelkeit, dabei ist das ein Ayahuasca-Ritual, das ich jeden Tag durchführe.«

Steffi führt gerade aus, wie sie ihre Wohnung umräumen, um das Kinderzimmer perfekt zu gestalten, und in mir manifestiert sich immer mehr die brennende Lust am Verheimlichen meines Zustands. Ich möchte kein Teil dieser Schwangerschaftsbewegung sein. Ich möchte nicht so werden, wie Steffi gerade ist. Ich möchte – bei aller freudigen Erwartung – weiter über andere Dinge sprechen, anders wahrgenommen und nicht nur auf Entbindungstermine reduziert werden. Ich konnte im Büro lange genug beobachten, wie eine Kollegin mit bereits erwachsenen Zwillingen meiner anderen Kollegin während ihrer Schwangerschaft einen nervigen Rat nach dem anderen gegeben hat. Ständig unterlegt mit leichten Vorwürfen: »Wie, du bist müde? Isst du genug Eisen? Komisch. Mir ging's bei den Zwillingen tadellos. Bis zum Entbindungstermin!« Zwillinge sind ja auch so ein Totschlagargument. Was will man als normale

Schwangere schon gegen eine Mutter von Zwillingen ausrichten? Die gewinnen in der Hierarchie immer.

Und auch das möchte ich vermeiden. Ich will keine Tipps, keine Vorwürfe, keine Belehrungen und auf keinen Fall irgendwelche fremden Hände auf meinem Bauch. Nein.

Ich bin bockig. Nein. Ich werde niemandem sagen, dass ich schwanger bin. Neun verdammte Monate lang. Die eigentlich zehn sind, aber das sagt dir vorher ja auch niemand. Ich hasse alles.

Steffi steht auf: »Also, schön war's. Ich muss jetzt los. Wir wollen heute gleich mal ein wenig mit Christophs Eltern über Babynamen brainstormen. Soll ja schon auch in den Stammbaum passen, unser Kleines.«

»Ich bin auch schwanger!«

Steffi erstarrt. »Was? Und da sagst du nichts? Bist du verrückt?«

»Zehnte Woche!«

»Was? Und da sagst du es schon, bist du verrückt?«

»Tu einfach so, als hätte ich es dir nie erzählt!«

»Eva, du bist so seltsam. Ich schicke dir heute Abend ein paar Links mit interessanten Büchern zu dem Thema. Und dann reden wir drüber, wenn wir uns nächsten Dienstag sehen. 'nen Platz in meinem Schwangerschaftsyoga organisiere ich dir, und meine Hebamme nimmt dich sicher. Ich muss los!«

Ich habe es gewusst: Ich hätte es nie jemandem sagen sollen.

Wo ist dieser Glow?

Schwangerschaft – unendliche Weiten. Vor allem, wenn man wie ich als Schwangere, jede Bewegung geflissentlich gemieden hat. Interessiert hörte ich mehrmals täglich meiner Freundin Steffi zu, die mir am Telefon von ihrem wahnsinnig guten Schwangerschaftsyoga-Kurs erzählte, während ich mir – fast geräuschlos – eine Tafel Schokolade im Mund zergehen ließ. Die Schokolade kitzelte an meinem Rachen, und ich musste kakaoartige Spucke in mein Handy husten. Aber auch kurz vor dem Erstickungstod wusste ich: Steffi hatte total recht. Schwanger sein ist keine Krankheit. Und früher haben sie die Kinder während der Arbeit am Kartoffelacker bekommen, in ein Tuch gewickelt – und weiter ging es mit der Ernte.

Ich sehe das auch nach wie vor so, dass wir als westliche Mütter komplett verweichlicht sind, deshalb erscheint mir plötzlich die Idee von »Hypnobirthing« echt fantastisch. Nur absolute Memmen empfinden bei der Geburt Schmerz. Moderne, starke Frauen lassen das Kind einfach los und aus. Fertig. Der Käse ist gebissen, wie man in Bayern sagt. Das Kind ist da, die Mutter glücklich. Wieder ein perfekter rosaroter Tag in einer makellosen Barbie-Welt. Also in der Welt der teilemanzipierten Barbie. Die, die alles schafft. Fehlerlose Arbeit, gutes Aussehen, ideale Kinder, schmerzlose Geburt, emotionslose Trennung, reibungslosen Tod.

Und so sollte ja wohl auch meine Schwangerschaft sein. Ich wünschte mir die Schwangerschaft einer Powerfrau. Heidi-Klum-Style. Ich wollte – das wusste ich sofort, als ich den positiven Test in der Hand hielt – nicht mehr als zehn Kilo zunehmen, weil alles andere eher ungesund für Mutter und Kind war. Außerdem hatte das bei meinen Freundinnen auch hervorragend geklappt.

»Dass man in der Schwangerschaft für zwei isst, das ist ein Mythos. Inzwischen weiß man, dass das anders ist«, erklärte mir meine Freundin Steffi. Und empfahl mir auch, von Umstandskleidung Abstand zu nehmen. »Du wirst sehen, das braucht man alles nicht. Dieses übertriebene Abgefeiere von Schwangerschaft ist einfach zu extrem und kapitalistisch. Davon profitieren nur die Schwangerschaftslinien von Läden wie H&M.«

Ich quetschte mich also noch sehr lange in meine alten Jeans, die zunehmend enger wurden, aber ich wollte mit meiner Schwangerschaft wirklich keine Konzerne unterstützen. Dann eben Boyfriend-Style mit den Klamotten meines Freundes. In dem »Schalke 04«-Hoodie in der fünfzehnten Woche habe ich interessant ausgesehen, aber als ich Steffi davon am Telefon berichtete, musste die nur leicht amüsiert grinsen (ich sah das durch die Leitung zwar nicht, aber konnte es fühlen, dafür kennen wir uns zu gut und zu lange). Kein Wunder. Steffi war Schwangerschafts-Profi. Immerhin war sie mir um zwei Wochen voraus. Sie kannte sich aus.

»Ach, Eva«, entgegnete sie. »Das Schöne ist doch, dass wir durch die Schwangerschaft so von innen heraus leuchten. Daran kann Gott sei Dank sogar ein Abstieg von Schalke nichts ändern!«

Auch hier musste ich Steffi recht geben. Von ganzem Herzen. Alle Schwangeren, die ich so auf der Straße traf, hatten ihn: diesen Glow. Einschließlich Steffi. Sie glänzte golden von innen heraus, als wären ihre Muskeln mit Blattgold ummantelt oder als hätte sie das Elfenbeinzimmer verschluckt. Ich freute mich schon auf dieses Leuchten. Es war auch schön zu wissen, dass man vermutlich bald leuchten würde. So ein Gefühl hatte ich zum letzten Mal gehabt, als ich mich auf ein Date mit meinem heutigen Mann gefreut hatte. Lange her, aber ich kannte es noch. Und lang konnte das auch nicht mehr dauern mit dem Leuchten. Ich fühlte es tief in mir schon sacht anglimmen und war mir sicher, dass ich – trotz meiner neu errungenen Schwangerschafts-streifen, des heftigen Sodbrennens und des ständigen Dauerschwindels – bald mit dem extremem Geleuchte anfangen würde.

Eines Nachmittags – ich saß bei meiner Mama – traf mich dann folgender Satz: »Eva, du musst Eisen nehmen, weil – du schaust zurzeit unfassbar fertig aus!«

Ich blicke mich um. Nein, es war keine andere Eva anwesend. Ich zeigte auf meinen Bauch und blickte meiner Mama etwas ungläubig in die Augen. »Ich? Was? Ich sehe doch super aus. Mama, ich leuchte! Ich bin schwanger!«

»Eva, wenn das dein Leuchten ist, dann möchte ich dich nicht sehen, wenn der Akku nachlässt. Für mich hast du irgendeinen Mangel. Isst du ausgewogen?«

»Klar!«, log ich. Drei verschiedene Chips-Sorten waren sicher nicht ausgewogen. Aber irgendwo hatte ich mal gelesen, dass man Gelüsten in der Schwangerschaft nachgehen müsse. Das Baby wüsste genau, was dem Körper fehlt. Und mir fehlten anscheinend gesättigte Fettsäuren.

»Nimmst du Folsäure?«

»Mama, ich trinke am Tag vier alkoholfreie Biere – was meinst du denn, was da an Folsäure drin ist. Dazu nehme ich noch Schwangerschaftsvitamine – es geht mir super!«

»Du weißt, dass auch im alkoholfreien Bier noch Restalkohol drin ist?«

»In Apfelschorle auch!«

Meine Mutter schaute gekränkt und besorgt gleichzeitig, und ich beschloss, dass es Zeit war zu gehen.

»Sei halt nicht so hormonell«, verabschiedete meine Mutter mich entnervt.

Und ich brüllte, kurz bevor ich die Tür hinter mir ins Schloss fallen ließ, noch einmal herzhaft in den Hausflur: »Ich bin nicht hormonell, ich leuchte, verdammt!«

Ich war so wütend, dass ich während der Heimfahrt weinen musste. Kaum zu Hause angekommen, legte ich mich auf meinen Kraftort, die Couch, und suchte mit Google: »Leuchten in der Schwangerschaft«. Was ich fand, schockierte mich. Haufenweise Frauen berichteten von einem gänzlichen Ausbleiben des Leuchtens. Das war mir vollkommen neu. Unangenehm berührt von der neuen Realität rief ich meine Mutter an. Canossa.

Meine Mama zischte die Begrüßung und wollte wissen, ob ich denn gut nach Hause gekommen sei.

Schweigen in der Leitung.

Dann sagte ich: »Duhuuuu, Mama … wie ging's denn dir so in der Schwangerschaft?«

»Furchtbar! Kind, es gibt einen Grund, warum es von meinen drei Schwangerschaften nur ein Foto von mir gibt: Ich habe es gehasst!«

»Echt? Ich hab immer gedacht, dass ihr halt damals während des Hausbaus kein Geld hattet für Farbfilme!«

»Nein, es war einfach furchtbar. Ich hab ausgeschaut wie ein Zombie!«

Nun wurde mir einiges klar. Das Leuchten würde nicht

kommen. Ich hatte die unterbelichteten Schwangerschaften von meiner Mama geerbt. Verdammt. Und jetzt? Ich
hatte doch schon zwei Schwangerschaft-Shootings gebucht.
Ich konnte mich doch jetzt nicht so wie meine Mutter verstecken. Ich musste auch rausgehen.

Ich rief die Fotografin an. Immerhin war sie mit Sicherheit die Frau in meinem Umfeld, die am meisten mit
Schwangeren zu tun hatte. Sie erklärte mir, dass es tatsächlich so sei, dass nur die Schwangeren mit dem Glow zu ihr
kämen. »Die anderen, die nicht leuchten, die bleiben wohl
viel daheim!«

Was? Was war denn das für eine Verzerrung der Wirk-
lichkeit! In mir kämpften zwei Seelen. Einerseits war ich
eine große Kämpferin für eine realistische Außendarstel-
lung – ich feiere Body Positivity –, andererseits musste ja
nicht unbedingt ich sofort und als Einzige mit dem Realis-
mus anfangen. Reichte schon, dass ich der Sache innerlich
auf den Grund gegangen war. Wie schaut das denn sonst
auf Instagram aus, wenn alle leuchten bis Woche zweiund-
vierzig und ich in Woche dreizehn schon ausschaue, als
hätte mir jemand den Stromstecker gezogen.

Ich überlegte, was ich tun konnte, um insgesamt besser
auszusehen. Klar, ich konnte mich aufwendig schminken.
Aber ich war nicht die begabteste Make-up-Artistin. Auch
meine Ernährung umzustellen, wäre vermutlich sinnvoll,
aber das Ergebnis wäre nicht schnell genug sichtbar. Außerdem wollte ich die Vorzüge meines schnellen Stoffwechsels
in der Schwangerschaft voll genießen.

Da fiel es mir ein. Ich packte meinen Geldbeutel und verließ augenblicklich das Haus. Zehn Minuten später war ich
in einem Sonnenstudio. Ich weiß, Sonne ist nur bedingt ge-

sund. Aber es gibt ja auch Frauen am Strand, die schwanger sind. Und außerdem hatte ich mich schon immer gefragt, für was ein Solarium wohl gut sei, in dem man sich im Stehen bräunen konnte. Jetzt wusste ich es: Es war für jede Bauchform geeignet.

Da stand ich nun also nackt, umgeben von Solariumröhren, und ließ mich zu den Klängen von Cardi B bräunen. Ich wippte mit und fühlte mich wie J. Lo. Bald würde ich karamellbraun leuchten und aussehen, als hätte ich gerade vier Monate in der Karibik verbracht. Perfekt.

Zwei Tage nach meinen zwanzig Minuten im Solarium traf ich mich mit Steffi.

»Schau, jetzt hast du ihn auch«, rief sie begeistert.

»Wen?«, fragte ich.

»Ja, den Glow! Ich hatte schon Angst, dass er bei dir nicht kommt, weil du so fertig ausgeschaut hast!«

»Ach, ich hatte nur eine leichte Erkältung«, erklärte ich kurz und beschloss, unter die Dauer-Sonnenbank-Besucherinnen zu gehen. Denn es musste ja wirklich nicht jeder von außen sehen, wie wenig ich innerlich strahlte.

Noch ein CTG und ich schreie!

»Einen Vorteil hat deine Risikoschwangerschaft schon – immerhin gibt es dann total oft Baby-TV«, sagt Steffi zu mir und schaut mich verträumt an.

Sie sitzt aufrecht trotz Sieben-Monats-Bauchs und hat dabei die Aura einer Elfe. Ich bin sogar im Liegen angestrengt und schnaufe bei jedem Schritt so laut, dass mein Mann inzwischen sagt, dass er sich leicht schämt, wenn wir spazieren gehen. »Du wirkst wie so ein Sauna-Nerd, der beim Aufguss immer betont einatmet«, erklärt er mir zum Beispiel, und ich möchte ihn manchmal treten. Aber ich traue mich nicht, weil ich ungut auf einem Bein stehen kann in meinem Zustand. Und eigentlich will ich ihm bei solchen Aussagen gerne sagen, dass er ein unsensibler Mensch ist, doch auch das verkneife ich mir, weil ich gerade nicht so viel Energie habe. Ich fühle mich wie ein sehr vollgesaugter Schwamm, und meine Füße sehen lustigerweise auch so aus.

Wenn ich von Vox auf Netflix umschalten muss, ist das für mich das Maß an Sport, das ich gerade noch schaffe, und eigentlich habe ich das Gefühl, diese Schwangerschaft hört nie auf.

Natürlich ist es schön, wenn man dann den Grund der Strapazen – das Neugeborene in spe – da so gemütlich im Fruchtwasser abhängen sieht. Wenn man etwas erkennt auf dem verschwommenen Ultraschall. Oder falls es mal ein 3D-Ultraschallbild gibt. Allerdings ist der Anlass für mein erhöhtes Ultraschallaufkommen gar nicht so großartig. Denn immerhin habe ich seit der siebzehnten Woche immer wieder Frühwehen wegen einer Infektion und muss daher viel liegen. Und ständig zur Kontrolle. Engmaschig.

Und natürlich gehört zu jeder dieser Kontrollen ein CTG. Beim CTG bekommt man als Schwangere eine Art Gurt umgewickelt, und unter den Gurt legt die Sprechstundenhilfe komische Plastikteile, die mit einem Wehenschreiber verbunden sind. Unter so ein Plastikteil wird Ultraschallgel verteilt, und dann geht's ab. Oder besser gesagt: Es geht nicht ab. Man liegt da. Und liegt. Und liegt. Und die *Bunte* vom Wartezimmer ist so unerreichbar entfernt, nur das Handy bietet Abwechslung, wenn überhaupt. Und dann liegt man da ungefähr eine halbe Stunde, außer es kommt eine Wehe, denn dann liegt man noch länger da.

Schließlich taucht die nette Frau vom Empfang der Arztpraxis nach einer halben Stunde CTG auf, schaut auf das Papier, das aus dem Wehenschreiber gedruckt wurde, und sagt: »O je, schläft das Kleine? Das müssen wir jetzt aufwecken, und danach messen wir noch mal!«

Klar, logisch. Sie drückt sachte am Bauch und weckt das Baby, und ich sehe vor meinem inneren Auge meine Lebenszeit vorbeiziehen. Ich habe schon ganze Tage gefühlt am Wehenschreiber verbracht und mich gefragt, wann ich endlich aufstehen kann. Interessant war auch das eine Mal, als keine andere Schwangere in der Arztpraxis war und die Sprechstundenhilfen schlicht vergessen haben, dass ich noch am CTG angeschlossen war.

Und weil ich ein kleines Schläfchen gemacht habe, wurde ich erst am Nachmittag wieder sanft geweckt, und zwar mit den Worten: »Um Gottes willen – Sie sind ja schon fünf Stunden hier!« Die Sprechstundenhilfe wühlte sich durch die Aufzeichnungen des Wehenschreibers, die sich wie ein ewig langer Kassenzettel am Boden ausbreiteten.

»Ah, Mist, da war genau vor zehn Minuten eine Wehe – wir müssen Sie jetzt noch eine halbe Stunde liegen lassen!«, erklärte sie.

»Ich müsste aufs Klo!«, wagte ich einzuwenden.

Die Sprechstundenhilfe schaute mich forschend mit zusammengekniffenen Augen an und bat mich mit extrem sanfter Stimme: »Halten Sie es vielleicht noch kurz aus?«

»Egal, es geht eh jeden Tag was daneben«, antwortete ich knapp und legte mich wieder ab.

Nach einer gefühlten Ewigkeit schnallte mich die nette medizinische Fachkraft vom Wehenschreiber ab. Um mir dann mitzuteilen, dass sie das CTG noch schnell mit der Ärztin besprechen müsste. Klar, konnte sich ja bei den Aufzeichnungen mit den Ausmaßen einer Enzyklopädie nur um Stunden handeln. Machte mir null aus.

Ich versuchte irgendwie aufzustehen, und fühlte mich nie wieder so alt wie in diesem Moment. Über fünf Stunden mit einer riesigen Kugel in derselben Position – das konnte mein Kreuz bei aller Liebe nicht mehr mittragen. Ich wagte einen Ausfallschritt, um mich leicht zu dehnen. Die Stellung begann gerade, angenehm meinen Rücken zu entlasten. Ich entschied mich, sachte auszuatmen und die Dehnung zu genießen, als ich von einer heftigen Bewegung im Bauch überrascht wurde. Zack, das Baby hatte wohl beschlossen, sich umzulagern. Vermutlich auf eine Sehne oder so, denn ich konnte mein rechtes Bein nicht mehr bewegen und das linke nur noch minimal. Die Befehle kamen nicht mehr an. Es tat sich nichts. Eine Blockade!

Ich stand im Ausfallschritt da und rief zunächst leise, schließlich immer lauter um Hilfe. Die nette Frau erschien wieder und wollte umgehend wissen, was denn um Himmels willen mit mir los sei.

»Ich glaube, ich bin blockiert«, entgegnete ich. »Ich komm nicht vom Fleck. Stützen Sie mich bitte, ich kann das Gleichgewicht nicht mehr lange halten!«

Als ich mich gerade auf ihren schmächtigen Körper stützen wollte, machte sie kehrt und hetzte aus dem Zimmer. Ich vermute, sie wollte die Ärztin holen, aber im Endeffekt war es egal. Ich war schon halb in der Anlehnungsbewegung und konnte nicht mehr stoppen.

Einige Muskeln wollten nicht mehr gehorchen. Vielleicht auch Sehnen, Bänder und alles andere. Keine Ahnung, ich war ja keine Ärztin. Fakt war jedoch, dass ich plötzlich auf die Seite kippte. In einem solchen Fall war es ratsam, den jeweiligen Arm am Körper entlang nach vorne zu strecken. Das kannte ich noch aus der Judo-Fallschule. Mein Körper setzte diese Regel im Reflex auch perfekt um. Die Judo-Fall-schule ist wie Radfahren. Verlernt man nie, aber wenn man sich täuscht, kann man sich übel verletzen. In meinem Fall brach ich mir den Unterarmknochen, weil mein Körper in seinem reflexartigen Verhalten leider nicht bedacht hatte, dass der Boden der Arztpraxis nicht mit Judomatten, son-dern mit Fliesen ausgelegt war.

Ich muss geschrien haben, so genau weiß ich es nicht mehr. Aber da lag ich nun: Frühwehen, Armbruch und blo-ckierte Dinge im Rücken. Großartig. Ich weinte im Affekt. Nicht weil ich wirklich traurig war, sondern weil ich mich erschrocken hatte. Es war dieses Weinen, das ich zuletzt in meiner Kindheit hatte, wenn ich merkte: Ohne die Hilfe von Erwachsenen werde ich diese Situation nicht alleine lösen können. Es war Ohnmacht bei vollem Bewusstsein. Es war schier unmöglich, mit meinem riesigen Bauch, der körper-lichen Blockade und nur einem verwendbaren Arm aufzu-stehen. Ich wusste zwar noch nicht, dass mein Arm gebro-chen war, aber der Schmerz und die fehlende Bewegbarkeit fielen mir durchaus in dieser seltsamen Lage auf.

Ich atmete tief ein und versuchte aus vollen Lungen, »Hilfe« herauszuschreien. Es wurde eher ein Wimmern. Eigentlich wollte ich nachher um siebzehn Uhr noch eine

Krippe besichtigen. Den Termin konnte ich wohl vergessen. Ich presste ein zweites Mal das zaghafte »Hilfe« hervor und hörte aufgeregte Schritte.

Die Ärztin stürmte in den Raum »Ja, um Gottes willen!«, rief sie. »Was ist denn mit Ihnen passiert? Haben Sie einen Anfall?«

»Ja«, sagte ich, weil – irgendwie stimmte es. Ich wurde vom Schicksal übel angefallen wie eine Metzgerei von einem Rudel hungriger Handwerker. Ich weinte und beschloss, eine Ohnmacht vorzutäuschen.

»Mir ist schlecht«, sagte ich und schloss die Augen. Nur weg aus der Realität. Ich spürte, wie alle an mir zogen, um mich auf die Liege beim Wehenschreiber zu wuchten. Ohne Erfolg. Sicher, ich war bei Besinnung, aber ich wollte das einfach nicht bewusst erleben.

»Wir lassen Sie liegen und rufen den Notarzt«, bestimmte die Ärztin.

Das fand ich ziemlich grob von ihr. Wie konnte sie eine hochschwangere und verletzte Frau nur einfach auf den Praxisfliesen liegen lassen? Ich beschloss innerlich nach dem Ende dieser Sache zu einer anderen Frauenärztin zu wechseln.

Alles dauerte recht lange, und trotz der Schmerzen schlief ich ein. Kurz erwachte ich, als ich ein paar geschäftsmäßige Stimmen hörte, die bestimmt den Rettungssanitäterinnen gehörten – und schlief weiter. Als ich endlich wieder aufwachte, war alles dunkel.

»Hallo?«

Nichts passierte. Irgendetwas summte, es klang nach einer Lüftung oder so. Ich geriet in Panik. Laut rief ich um Hilfe (was endlich gelang), wieder passierte nichts. Ich begann nun sehr, sehr laut und lange um Hilfe zu rufen. So lange, dass ich im Hals schon ein leichtes Kratzen verspürte. Schreiend ertastete ich meine Umgebung. Ich lag wohl auf einem Bett.

Plötzlich riss jemand die Tür auf, und helles Neonlicht erfüllte den Raum, in dem ich mich befand: ein Krankenzimmer.

»Haben wir Schmerzen?« Eine ältere Krankenschwester kam in den Raum gewuselt und begann ohne Umschweife, meinen Puls zu fühlen. »Viel zu hoch!«, erklärte sie mir.

Ja, klar, ich war ja in Panik.

Fahrig begann ich, die Frau auszufragen. Sie sagte mir, es sei zwei Uhr morgens. Ich hätte eine Blockade im Rücken, das sei normal und würde wieder aufhören, sobald sich das Kind umlagern würde. Mein linker Arm sei gebrochen und daher in Gips, wegen der Frühwehen sei ich unter Beobachtung im Krankenhaus. Erst mal für zwei Tage. Mit engmaschigem CTG. Ich atmete kurz aus.

Die Krankenschwester verließ den Raum, kehrte zurück und rollte einen mobilen Wehenschreiber ins Zimmer. Ich begann zu weinen.

»Ja, ich weiß – die Hormone. Ist etwas viel, oder?«, fragte die ältere Frau.

Ich nickte still, begann die Krankenschwester aber abzulehnen, weil es ja wohl klar war, dass es nicht hormonell war. Ich war multipel verletzt. Ungefähr fünfunddreißig CTGs und zwei Tage später wurde ich mit der Anweisung, täglich zur Gynäkologin zu gehen, entlassen.

Allerdings war mein Entlassungstag ein Freitag. Das Wochenende verbrachte ich auf der Couch, ungeduscht, und versuchte mit aller mentalen Gewalt, die mir zur Verfügung stand, die Zeit im Krankenhaus zu vergessen. Ich versuchte zu verdrängen, wie mich die Krankenschwester mit dem Rollstuhl ins Bad schob, um mich mit einem Waschlappen überall zu waschen. Ü-ber-all! Zu Hause gab es immerhin eine Badewanne, zu der ich kriechen konnte. Dazu ließ ich mich langsam von der Couch auf den Teppich sinken, und auf allen vieren ging es ins Bad. Es war schwierig, die richtige Kriechhöhe zu finden, in der mein Bauch nicht am Boden schrammte, ich mit einem Arm vorwärtskam und trotzdem keine Schmerzen verspürte. Das Hochstemmen war lustigerweise mit Gips viel einfacher als das Herabsenken, daher konnte ich die Toilette und auch die Badewanne gut erklimmen.

Beim Absenken ins Badewasser half mir mein Mann und ließ mich beim ersten Mal fallen. Es war, als würde man eine Fregatte aus dem Trockendock entlassen, aber es war okay. Hauptsache, der Gips wurde nicht nass. Unser Kind würde aber später nur ich baden, das war klar.

Beim Herausklettern war der Fall auf die Fliesen wesentlich unangenehmer. Genauso unangenehm war es, dass ich mich am Montag von einem Taxifahrer zum CTG fahren lassen musste. Für die Treppen vom vierten Stock Altbau bis ins Erdgeschoss brauchten wir zirka fünfundzwanzig Minuten, weil ich sie sitzend herabrutschte.

»Das ist ein gutes Geduldstraining für die Kinder. Mein Sohn hat das mit drei Jahren auch immer so gemacht«, erklärte mir der Taxifahrer.

Plötzlich war ich mir nicht mehr sicher, ob ich für das Mutterdasein schon bereit war.

Um ins Taxi zu kommen, stützte ich mich auf die Schultern des Fahrers. Er zog mich hoch und wuppte mich und meinen riesigen Bauch hinein. Der Mann roch nach kaltem Rauch. Dann wuppte er mich wieder heraus, meine Beine hingen an mir herunter und die Schuhe schliffen am Boden. Irgendwie schafften wir es die 500 Meter zu dem Ärztehaus, in dem meine Frauenärztin war.

»Ruf mich an, wenn du fertig bist, dann hol ich dich ab. Wird schon alles okay sein mit dem Kleinen«, sagte der Fahrer, als er mich im Wartezimmer abgesetzt hatte.

Und ich fühlte mich ihm kurz verbunden, als wäre der ältere Herr mit den Flokati-Auflagen auf den Taxisitzen der Vater des Kindes. Kein Wunder, auf der kurzen Fahrt hatten wir ordentlich gebondet. Er hieß Rudi, hatte selbst drei Kinder und war ein guter Kerl.

Als Rudi weg war, fühlte ich mich sehr einsam. Warum hatte mein Mann sich eigentlich nicht freigenommen, wenn seine Frau schon in diesem Zustand war? Ich zweifelte auch seine Qualitäten als Vater zunehmend an.

In diesem Moment bekam ich eine Nachricht von Steffi: »Wie geht's?«

»Sitze beim Frauenarzt!«

»Schon wieder Baby-TV? Du hast es echt gut. Bei mir dauert es noch ewig bis zum nächsten Termin. War gerade etwas Walken und koche mir gleich etwas.«

Ich schaltete den Chat auf »Stumm« und antwortete nicht mehr. Alles, was ich ihr noch schreiben hätte können, wäre zutiefst beleidigend gewesen.

Die Tür ging auf und die Arzthelferin schaute herein. »Bereit fürs CTG?«

Da ist es passiert. Ich muss geschrien haben. Also, ich habe geschrien. Dass mich alle mal in Ruhe lassen sollen, dass ich durchdrehe, wenn ich noch ein CTG machen muss und dass ich keinen Bock mehr habe.

Die Ärztin kam herein. »Ach, gibt es wieder ein Problem?«

Tränen liefen über meine Wangen, als ich ihr sagte, wie furchtbar alles sei, dass ich aufs Klo robben müsste und nicht mehr könne. Erst als ich fertig erzählt hatte, fiel mir auf, dass im Eck eine andere Schwangere saß und über ihrer *Gala* herzerweichend mitweinte.

»Ich mag auch nicht mehr«, wimmerte sie.

Gerne hätte ich sie umarmt, aber ich war gerade nicht bereit, zu ihr zu robben. Es war kurz still im Raum. Die Schwangere im Eck schnäuzte sich. Und ich fing an zu lachen. Erleichtert lachten alle mit, bevor ich in den CTG-Raum robbte.

Wenige Tage später beschloss mein Kind, sich wieder umzulagern. Ich saß auf der Couch, es rumste in meinem Bauch und ich konnte mich wieder bewegen. Klar, da waren noch der Gips und die Frühwehen, aber seitdem gehe ich wieder leichtfüßig wie eine Kuh kurz vor dem Kalben zum CTG. Es ist immer noch extrem nervend. Aber während ich liege, texte ich Steffi voll und erzähle ihr, wie schön es ist, wenn ich gleich wieder einen Ultraschall machen darf. »Schade, dass du nicht so viel Baby-TV hast wie ich! Viel Spaß beim Walken!«

Wie lange dauert das noch?

»Wann ist denn der Termin?« Eine Frau im Supermarkt schaut mich erwartungsvoll an.

»Gar nicht. Ich bin so gerne schwanger, ich bleib für immer so«, entgegne ich.

»Pfff«, macht die Frau und biegt in Richtung der Weinregale ab.

Ja, klar – kauf dir halt auch noch Wein. Ist ja egal, dass ich schwanger bin, du blöde Kuh!, schoss es mir durch den Kopf, bevor mir einfiel, dass ich die Frau gar nicht kannte. Aber sie hatte mich ohne Not auf meine Schwangerschaft angesprochen, da konnte ich sie jetzt auch als Teil der Familie sehen. Und meine Familie hatte derzeit nichts Prozentiges zu trinken, weil ich keinen Alkohol durfte. Basta.

Außerdem: Wie taktlos war das, bitte schön? Vor zwei Wochen erst zerstörte mein Baby mir den Traum eines Kaiserschnitts, weil es sich auf die letzten Tage noch mit dem Kopf nach unten gedreht hat. Und das, obwohl ich die vielen Tricks und Übungen der Hebamme und der Ärztin absichtlich nicht angewendet habe. Ich wollte ja unbedingt einen Kaiserschnitt. Mit der Aussicht darauf habe ich im Geburtsvorbereitungskurs keine Sekunde lang aufgepasst und bin die unvorbereitetste Mama der Welt. Und es hätte fast geklappt. Aber Madame hatte sich plötzlich gedreht, und meine Geburtsklinik, eine Hippie-Klinik, möchte jetzt unbedingt von einem Kaiserschnitt absehen. Dabei hatte ich das Haus nur ausgewählt, weil da gleich eine Tankstelle ist, von wo ich bei Besucherinnen eventuell Snacks ordern konnte. Egal.

Ich beginne, eine starke Abneigung für die taktlose Supermarktfrau zu hegen, und verfolge sie langsam mit meinem Einkaufswagen und finsterem Blick. Aha, sie steht vor den Aktions-Weinen.

Langsam fahre ich auf sie zu: »Das ist nichts Gescheites. Wenn ich wieder trinken könnte, würde ich mir einen Naturwein aus Österreich kaufen! So was …«

Sie blickt mich leicht irritiert an.

»Ich bin schon vier Tage über dem Termin, eventuell kann ich mir auch schon wieder einen Wein kaufen, ich weiß ja nicht, ob das mit dem Stillen klappt!«

Sie legt einen Aktionswein in ihren Einkaufswagen und rollt davon. »Auf Wiedersehen!«

Aha. Jetzt beginnt sie die Kommunikation und beendet sie auch wieder? Es muss also alles immer so laufen, wie sie das gerne will. Das sehe ich nicht ein.

Ich fahre zum nächsten Gang weiter. Da sind die Säfte, und ich komme ihr direkt entgegen. »Ich habe so Sodbrennen die letzten Tage, es ist furchtbar. Und Durchfall. Immer wieder dieser durchfallartige Stuhl. Denken Sie, dass das ein Zeichen ist, dass die Wehen bald einsetzen? Und überhaupt diese Ausdünstungen. Das sagt einem auch niemand vor der Schwangerschaft. Haben Sie eigentlich Kinder? Schon länger her, oder? Nicht dass Sie alt ausschauen, aber ich denke es mir nur.«

Der Blick der Frau wird fahrig. Ich bemerke, dass sie gerne vor mir flüchten würde, aber sie kann nicht. Sie legt drei Tetra Packs mit Apfelsaft in ihren Wagen – naturtrüb – und zieht ihn von mir weg.

Noch einmal sieht sie mir in die Augen und sagt: »Ich wünsch Ihnen viel Erfolg für die Geburt!«

»Danke, kann ich brauchen«, antworte ich und fahre ihr in der gleichen Geschwindigkeit nach, in der sie von mir wegrollt. »Hatten Sie damals eine PDA? Ich weiß nicht, ich hab schon Angst davor. Aber wer will denn Schmerzen? Das ist ja auch nix …«

»Ich glaube, ich habe da was bei den Milchprodukten vergessen«, entschuldigt sich die Frau und schiebt ihren Wagen übertrieben schnell weg.

Ich will es nicht überstrapazieren und folge ihr nicht. Stattdessen rufe ich ihr noch freundlich hinterher: »Da haben Sie total recht! In Ihrem Alter ist Milch so wichtig, wegen der Osteoporose!«

Wie unfreundlich ihr Abgang doch war. Ich schlendere weiter. Das Beste am Schwangersein ist, dass alles egal ist und man keine Hetze hat. Zumindest ich nicht. Mit den Tiefkühlregalen in Supermärkten hatte ich mich zuvor noch nie so intensiv beschäftigt. Weil mir einfach die Zeit gefehlt hat. Und jetzt: Dank meiner bisher sehr schwierigen Schwangerschaft muss ich schon ewig nicht mehr arbeiten. Auch mein Sozialleben hat empfindlich gelitten. Und so stelle ich fest, dass es viel mehr vegane Alternativen zum Einfrieren gibt, als bisher gedacht. Und vermutlich sollte ich das alles kaufen, weil mir irgendwer mal gesagt hat, dass man im Wochenbett froh ist, wenn man nur was auftauen muss.

Als ich gerade über den TK-Schwarzwurzeln ganz in Gedanken bin, tippt mich jemand an. Es ist eine Frau! Sie spricht mich mit Namen an, und in mir rattert es, woher ich sie kennen könnte. Moment – sie ist so alt wie ich, zirka … woher kenne ich die?

»Kennst mich schon noch, oder?«, ruft mir dir Unbekannte entgegen.

Ich sage: »Ja, ich *bitte* dich!«, breite die Arme aus und umarme sie stürmisch. Keine Ahnung, wer die Alte eigentlich ist. Sie riecht auf jeden Fall, als wäre sie in einen Eimer mit einem Parfum von Burberry gefallen. Rein vom Bauchgefühl her bin ich mir sicher, dass sie vermutlich Steffi oder Julia heißt. So heißen eigentlich immer alle in meinem Alter.

Sie strahlt mich an. Nein, ich habe wirklich nicht den blassesten Schimmer, wer diese Person sein könnte. Aber lieber würde ich sterben, als dieses Versagen meines Gedächtnisses zuzugeben.

»Mei, wann ist es denn so weit?« Julia-Steffi legt ihre Hand auf meinen Bauch.

In mir verkrampft sich alles. Es gibt wenig, was ich mehr hasse, aber ich würde auch das niemals zugeben. »Bald. Bin schon drüber«, sage ich und gehe betont einen Schritt zurück.

Tja, Julia-Steffi, es tut mir wirklich leid, aber ich mag dich nicht mehr, denke ich, bin aber nach außen hin stoisch freundlich wie eine Schlagersängerin im *ZDF-Fernsehgarten*. So bemerkt mein Gegenüber nichts von meiner akuten Abneigung gegen sie und den unfassbar nervigen Satz, wann es denn endlich so weit sei.

Nein, sie geht wieder einen Schritt auf mich zu, legt ihre Hände noch einmal wie zu einer Beschwörung auf meinen Bauch, schaut mir fest in die Augen und sagt: »Das ist so ein Wunder!«

Ich schwöre mir in diesem Moment, dass ich Julia-Steffi, falls es jetzt so weit sein sollte, stante pede eine Kopfnuss geben werde.

»Spannend«, schiebt Julia-Steffi nach.

Und mir ist die Szene am Tiefkühlregal zu intim. Ist sie

vielleicht eine ehemalige Yogalehrerin? Ich mustere Julia-Steffis begeistertes Gesicht, das mich voller Empathie anstrahlt. Eine wie sie, die kann Wehen auslösen, das sehe ich ihr direkt an. Gruselig.

Einen Gang weiter schiebt die Frau von vorhin ihren Einkaufswagen die Tiefkühltruhen entlang. Sie hat mich noch nicht bemerkt, da rufe ich schon rüber: »Und? Was nehmen's mit? Fischstäbchen? Omega 3, oder? Wichtig im Alter!«

Die Frau beobachtet mich kurz, wie eine aufgeschreckte wilde Katze, nickt und haut ab.

»Alte Bekannte«, erklärte ich Julia-Steffi.

Die hält immer noch meinen Bauch wie eine Braut die Hände ihres Bräutigams am Altar, und ich würde mich jetzt wirklich gerne losreißen.

»Bald geht es los. Ich spüre das«, sagt sie halblaut und bedeutungsschwanger.

In mir ist irgendwas gerissen. Leider nicht meine Fruchtblase, sondern nur der Deckmantel meiner guten Erziehung. Ich höre mich entgegnen: »Ja, du Schnellspannerin, es muss ja irgendwann raus. Nein, ist noch keines dringeblieben. Und wenn ich sage, dass ich über dem Termin bin, kann sich jeder Depp an drei Fingern ausrechnen, dass es nicht mehr lange dauern kann. Soooo die hellseherische Leistung ist das ja auch nicht.«

Julia-Steffi hat ihre Hände noch immer auf meinem Bauch, nur etwas schlaffer. Ihr Lächeln ist eingefroren.

Der Dämon, der aus mir zu ihr spricht, keift jedoch munter weiter. »Da brauchst jetzt gar nicht so dumm schauen, ich kenne dich außerdem nicht. Wer zur Hölle bist du? Wer? Und du willst von mir meinen Geburtstermin wissen und tatschst mich an wie so ein übergriffiger Vollproll auf einem Volksfest. Was geht ab mit dir?«

Julia-Steffi lässt meinen Bauch los, und nun ist es sie, die einen Schritt von mir weggeht. »Also, bitte …«

In diesem Augenblick werde ich von hinten angetippt. Es ist die Frau von vorhin mit einem verpickelten Teenager von der Kasse. »Das ist die, die redet einfach Leute an!«, sagt die Frau.

Das ist zu viel. »Das stimmt überhaupt nicht, die beiden Irren haben mich angequatscht und außerdem angetatscht. Nur weil ich schwanger bin. Deswegen bin ich noch lange nicht mit allen bekannt!«

»Eva, du bist genauso seltsam wie damals, als wir zusammengewohnt haben«, sagt Julia-Steffi.

Schlagartig erkenne ich sie wieder. Stimmt. Die Fünfer-WG. Ich will ihr gerade sagen, dass ich mich jetzt erinnere, aber dass das noch lange kein Grund sei, mich so anzufassen. Immerhin habe ich damals nach der WG-Auflösung versucht, Kontakt zu halten, und sie hatte gedacht, sie müsste sich nicht mehr melden. Daher kenne ich sie nicht. Schon mal drüber nachgedacht, ob sie nicht vielleicht selbst schuld sei? Man kann doch nicht nach Jahren Funkstille einfach im Supermarkt über Leute herfallen und ihren Einundvierzig-Wochen-Bauch anfassen!

Aber ich komme nicht dazu, das zu sagen, weil der pickelige Jugendliche von der Kasse sich zu mir beugt und sagt, ich möge bitte aus dem Supermarkt verschwinden. »Sonst müssen wir ein Hausverbot erwägen!«

Ich kann es nicht glauben. Langsam schaue ich in die drei Gesichter und gebe meinem Körper kurz Zeit, einen Blasensprung zu erzeugen, weil mir das sehr viel Mitleid bescheren und die Situation abrupt drehen würde. In einem Holly-wood-Film wäre das genau jetzt passiert. Ich gehe etwas in die Hocke, die drei stehen mir gegenüber und im Super-markt-Radio spielen sie Bruno Mars: »Uptown Funk«.

Aber nichts passiert. Ich beschließe, den Markt nicht mit leeren Händen zu verlassen und schiebe meinen Einkaufs-wagen rückwärts in Zeitlupe weg, bevor ich ein Wendema-növer einlege und eilig zur Kasse gehe.

»Würden Sie die Sachen bitte dalassen?«, ruft mir der Ju-gendliche noch nach.

Mein Körper wird von einem Gefühl der Scham geflutet, das ich selten so erlebt habe. Will dieser Typ mich hier raus-werfen? Ich bin immerhin schwangerer als alle anderen in diesem Postleitzahlenbezirk. Im Bus stehen Leute für mich auf! Was bildet sich der eigentlich ein? Sofort kippt die Scham in lodernde Wut um. Ich mache umgehend kehrt und fahre noch mal auf die drei zu, die noch in einer Gruppe zusammenstehen. Ich werde immer schneller und muss zu lachen anfangen. Die drei denken wohl, ich könnte sie even-tuell über den Haufen fahren, und beginne zu rennen. Ich kann ihre blanke Panik förmlich riechen und lasse meinen Spurt bequem auslaufen. Klar, ich schnaufe wie eine Dampf-lock, aber ich genieße jeden Moment. Vor allem, als ich sehe, dass die drei den Rückzug antreten, als wäre der Teu-fel hinter ihnen her. Ohne Einkauf und laut lachend gehe ich aus dem Dunkel des Supermarkts ins Tageslicht. So ein Mist war mir schon lange nicht mehr passiert.

Fast überflüssig zu sagen, dass noch in der Nacht die Fruchtblase platzt. Pünktlich zwölf Stunden zu spät und ge-rade, als ich mich ins frisch bezogene Bett lege.

Kurz darauf, als ich schon siebenundzwanzig Stunden im

Kreißsaal bin, kommt eine neue Hebamme zur Tür herein –
die Schicht hat gerade gewechselt – und stellt sich als »Julia-
Steffi« vor. Ich muss ziemlich lachen. Julia-Steffi fühlt meinen Puls und fragt, was denn los sei.

»Wie lang dauert's denn noch?«, frage ich sie mit einem
süffisanten Grinsen im Gesicht.

Sie schaut mich etwas mitleidig an. »Die Frage kann man
sich bei Schwangerschaften und Geburten sparen, weil die
Antwort darauf wirklich keine Sau weiß.«

Ich beschließe, dass ich noch in ihrer Schicht entbinden
will. Und zwei Stunden später ist es dann auch so. Manchmal weiß man es doch, wann es so weit ist. Wenn auch nur
ganz selten.

Das erste Jahr

Ist das alles normal so?

Ja, da ist sie nun, meine Tochter. Und sie schreit gerne. Interessantes Hobby. Wäre mir zu anstrengend. Meine Tochter scheint allerdings echt ausdauernd zu sein, denn sie schreit jetzt seit vier Stunden. Eigentlich schreit sie schon, seit sie auf der Welt ist. Niemand weiß, ob sie vielleicht sogar im Bauch geschrien hat. Vermutlich. Jetzt, wo sie so daliegt und schreit und schreit, da wundert mich auch meine etwas extravagante Schwangerschaft nicht mehr. Hätte ich mir gleich denken können, dass das in meinem Bauch vermutlich keine 0815-Babydame ist, sondern eine sehr selbstbewusste Diva. Es gab mal ein Lied, das hieß: »Hallo, worum geht's, ich bin dagegen«. Und meine Freunde widmeten mir auf Partys immer dieses Lied, weil ich so eine Lust hatte am Dagegenreden und Diskutieren. »Jetzt kommt wieder Evas Hymne!«, sagten sie süffisant, bevor sie das Lied spielten. Aber die kannten meine Tochter nicht. Dagegen war ich eine Amateurin. Bei mir fing das Diskutieren erst in der Pubertät an. Aber meine Tochter liebte es scheinbar von Anfang an.

Die wenige Zeit, die wir bislang miteinander verbracht haben, lehrt mich bereits, dass sie ihren Weg gehen wird. Ich schaue auf das schreiende Bündel, versuche, sie wieder und wieder anzulegen, spüre, wie sie mir meine Brustwarzen nass brüllt, und muss selbst ein wenig weinen. Ich bin ziemlich stolz auf so ein durchsetzungskräftiges Kind, und grinse schließlich durch das Geschrei vor mich hin.

»Versuchen Sie sie noch mal anzulegen!« Ständig kommt irgendeine Schwester oder Hebamme in meinen Kreißsaal und weist mich darauf hin, dass das mit dem Trinken doch mal super wäre.

Plötzlich springt die Tür regelrecht auf, eine ältere Hebamme stürmt herein, nimmt meine rechte Brustwarze, stopft sie in den Mund meiner Tochter, zieht bei ihr am Mundwinkel – und tatsächlich: Sie saugt.

»Das löst den Saugreflex aus«, erklärt sie. »Wenn sie einschläft, dann ziehen's da dran, ok?«

Ich will schon »Yes, Madam, sehr wohl Madam!« antworten, weil sie wirkt, als hätte sie eine militärische Ausbildung. Aber ich verkneife es mir und schaue dem kleinen Wurm von Tochter zu, wie sie so zaghaft saugt. Interessant.

Mir fällt auf, dass mein Mann im Raum ist.

»Ist das normal, dass sie bloß so sachte saugt?« Er schaut mich mit fragendem Gesicht an.

»Ich hab keinen Plan. Ist auch mein erstes Kind, musst du wissen«, erwidere ich.

Er verdreht die Augen. Klar, so nach neunundzwanzig Stunden in den Wehen und mehreren Stunden Geschrei ist es vielleicht nicht die perfekte Zeit, um zu diskutieren.

Das Baby schläft immer wieder ein, ich ziehe am Mundwinkel, sie saugt wieder und so weiter.

Der Tag vergeht wie im Flug, man schiebt mich auf mein Zimmer, das Baby ist irgendwann eingeschlafen. Zirka dreißig Personen wollen »nur kurz mal vorbeischauen«, und in meinem Krankenzimmer geht es zu wie am Flughafen zum ersten Sommerferientag. An Schlaf ist nicht zu denken, und dann beginnt sie: die erste Nacht mit dem Baby im Krankenhaus.

»Geben Sie Ihr Kind ruhig in den Babyraum. Sie müssen ein wenig schlafen. Wann haben Sie denn zum letzten Mal geschlafen?«

Ich schaue die Schwester aus hohlen Augen an: »Ich glaube, vor drei Tagen!«

Sie nickt, denn meine Auskunft hat ihre These bestätigt. Sie schiebt meine Tochter zur Tür hinaus, und ich denke noch, dass ich mich gar nicht von ihr verabschieden konnte, aber da bin ich auch schon weg. Geweckt werde ich erst von einer rabiaten Stimme: »Kommen Sie bitte, Ihr Baby schreit nonstop!«

Ich schaue auf die Uhr meines Handys: cool. Immerhin waren es zwei Stunden Schlaf. Beim Aufstehen setzt die Gravitation ein, und die Einlage in Größe eines Vier-Personen-Schlauchboots, die ich in meiner Kliniknetzunterhose habe, füllt sich beträchtlich mit Blut. Breitbeinig wie ein Cowgirl nach einem Nachtritt von der West- zur Ostküste schlurfe ich hinter der Säuglingsschwester zum Babyzimmer. Ich spüre ein wenig die Naht an meinem Dammriss. In meinem Po zwickt es, als hätte ich einen Schusser am After. Später sollte sich herausstellen, dass ich bei der Geburt auch eine wunderbare Hämorrhoide ans Licht der Welt gepresst hatte.

Eine Neonröhre flackert im Gang. Ich erschrecke kurz, als ich an einem Spiegel vorbeikomme. Hatte ganz vergessen, dass ich beim falschen Pressen eine Ader im Auge habe platzen lassen. Im flackernden Licht sehe ich mit meinen verstrubbelten Haaren aus wie eine Psychopathin aus einem Steven-King-Film.

Das Babyzimmer ist am Ende des Flurs und diffus beleuchtet. Ich höre bereits durch die geschlossene Tür die markante Stimme meiner Tochter. Wir kennen uns zwar noch nicht lange, aber diese Stimme könnte ich bereits aus Tausenden heraushören. Meine Brust drückt plötzlich, und mein Schlafanzugoberteil ist komplett nass. Das ist mal ein Anblick, denke ich mir. Eine Frau mit zwei Stunden Schlaf in gefühlten achtundsiebzig Stunden, mit einer blutigen Einlage in der Größe des Saarlands und einem Schusser in der Hose, einem nassen Schlafanzugoberteil und geschwollenen Füßen in Wollsocken und Birkenstock-Schuhen schlurft in Zeitlupe über einen leeren Klinikflur. Wow. War das normal so? Waren da jeden Tag solche Wesen unterwegs?

Alleine der Schlafanzug, in den mich meine Mama am Nachmittag genötigt hat, ist mir schon peinlich genug. Er hat ein zartes Blütenmuster in Apricot, eine Farbe die ich nicht sonderlich mag, von der aber meine Mutter behauptet, sie mache mich so »frisch«. Ob diese Frische mir in diesem Zustand noch hilft? Ich bin mir nicht sicher. Aber immerhin habe ich einen Schlafanzug an und nicht einen Jogginganzug, denn das war meiner Mutter ein großes Anliegen. Schlafanzüge waren ihr stets wichtig gewesen, und ich hatte mich bei diversen Krankenhausaufenthalten daran gewöhnt, dass ich jedes Mal neue Schlafanzug-Kollektionen bekommen habe.

Ob ich wohl auch mal so werde? Ich sehe das Schreikind hysterisch brüllen, weil ich ihr zum dreizehnten Geburtstag einen Schlafanzug mit hellblauen Mäuschen schenke. Daraufhin bin ich todtraurig und erzähle ihr von der entbehrungsreichen Geburt und wie ich gelitten habe in der ersten Nacht und im Schlafanzug ihrer Oma zu ihr ins Babyzimmer geschlurft bin, um sie zu retten. Und sie würde dann ein schlechtes Gewissen haben und einsehen, dass man so nicht mit Müttern umgeht, die gerne Schlafanzüge kaufen. Weil Schlafanzüge in unserer Familie eben eine Tradition sind. Eine Love-Language. Normal. Aus.

Ich erreiche das Babyzimmer und klingle.

»Endlich, kommen Sie rein!« Eine der Säuglingsschwestern schiebt mich an der Schulter in den Raum.

Der Lärm ist ohrenbetäubend, und ich bin mir nicht sicher, ob ich nicht doch schnell eines der anderen Kinder als meines ausgeben könnte, immerhin sind die alle trotz des Anfalls meiner Tochter sehr still.

»Ich hätte gerne eines der ruhigeren Kinder«, versuche ich zaghaft zu scherzen.

Doch das kommt nicht an, weil die Kinderschwestern hier null, aber auch gar nicht zu Scherzen aufgelegt sind. Eine beschwert sich, dass ich das Baby bisher nicht einmal selbst gewickelt hätte, und drückt mich in einen Sessel.

»Ach, stimmt – wickeln!« Ich hänge noch dem Gedanken nach, dass ich das tatsächlich bisher vergessen habe, weil es die letzten Stunden eigentlich nur um meinen Stuhlgang ging. Und der ist gerade nicht da, wegen des Einlaufs vor der Geburt. Aber ohne einmal Stuhlgang im Krankenhaus dürfe man nicht die Klinik verlassen, hatte die Ärztin gesagt. Seitdem wurde ich schon fünfzehnmal, auch vor Besuch, nach meinem Stuhlgang gefragt.

Mitten in meinen Gedanken zum Stuhlgang übergibt mir eine Schwester das schreiende Bündel und sagt: »Bitte sofort stillen!«

Oh Gott, wie ging das noch mal? Ich denke an die drei Stillpositionen die mir die Stillberaterin am Nachmittag vor den Augen meiner Brüder und meiner Eltern erklärt hatte. Mist. Alles vergessen. Hab es mir nicht gemerkt, nur genickt. Alter Trick aus der Schule, der ging da aber schon immer schief.

Ich lege meine Tochter einfach irgendwie an. Sie schnappt panisch nach meiner Brustwarze, rutscht aber ständig ab. Ich versuche, die Brust in ihren Mund zu bekommen, aber sie schreit. Wir beide haben Schweißausbrüche, und ich spüre, wie mir die Tränen in die Augen steigen.

»Jetzt bitte«, sagt die Kinderschwester entnervt. Sie packt meine Brust und macht denselben Move wie die Hebamme nach der Geburt.

»Ist das denn normal, dass die Kleine und ich das nicht hinbekommen?«, frage ich.

»Na ja, sagen wir mal so: Manche Mütter haben das schneller raus als andere.« Sie dreht sich um und geht.

Hat mich die Frau grade dumm genannt? Aus mir bricht ein Sturzbach aus Tränen. Ich weine voller Inbrunst auf meine langsam nuckelnde Tochter und bemerke erst jetzt, was mir alles wehtut. Meine Brust brennt wie Feuer, mein Unterleib erzeugt beim Stillen einen wehenartigen Schmerz und ich habe das Gefühl, auf voller Linie zu versagen. Wie konnte es sein, dass früher Frauen alleine entbunden haben? Ich verfüge über ein Krankenhaus, Essen, Hebammen, Kinderschwestern und Stillberaterinnen und schaffe das nicht.

Die Schwester kommt zurück. Ihr Gesichtsausdruck ist noch immer sehr streng. In mir regt sich Angst, aber als sie vor mir steht, bricht es furchtlos aus mir heraus: »Ich habe schon Tage nicht mehr geschlafen und die Geburt hat so lang gedauert und meine Brust schmerzt so und sie checkt das Trinken nicht. Und warum habe ich wieder Wehen? Ist da noch ein zweites Kind drin? Ich glaube einfach, ich kann nicht mehr. Ich gebe mir wirklich Mühe, aber ich glaube, ich bin zu blöd!« Abschließend nehme ich noch einen Schluck aus Tränen und Rotz, der mir in den Mund läuft. Wie unangenehm. Das war ein Versehen.

Doch die Schwester wirkt milder. Sie tätschelt mir kurz die Schulter, verschwindet und kommt mit einem gelben Kasten zurück. »Während die Kleine an der einen Brust anliegt, pumpen Sie mal die andere ab!«

Ich öffne mein Schlafanzugoberteil, und als sie meine Brust sieht, sagt sie: »Oh Gott, ja. Das ist ja ganz entzündet. Haben die im Kreißsaal die Kleine etwa ewig nuckeln lassen?«

Ich nicke.

Wir pumpen also ab, das ist einfach und tut auch nicht so weh. Genial. Als meine Tochter mit der einen Brust endlich fertig ist, bekommt sie die Flasche der anderen Seite, und ich entspanne mich.

»Danke«, rufe ich zur Schwester.

Sie kommt in den Raum, schaut mich an und sagt: »Wenn Sie das jetzt gemacht haben, geben Sie mir die Kleine wieder und legen sich hin. Sie brauchen unbedingt Schlaf. Und wegen der Schmerzen: Hier sind Kompressen für die Brustwarzen und ein Stillhütchen. Die Schmerzen im Unterleib sind Nachwehen. Das ist normal. Bei Ihnen hat man vermutet, dass ein ganz kleiner Teil der Plazenta noch im Unterleib ist, wegen der langen Geburt soll das aber natürlich rauskommen, falls dem so wäre. Eine OP wollte man vermeiden.«

Das waren viele Infos für mein schläfriges Gehirn. Ich sehe mir noch kurz das Stillhütchen an – eine Art Pylone aus durchsichtigem Plastik, die man über die Brustwarze legt, um das Stillen zu erleichtern. Vom Anblick dieser wunderschönen Erfindung bin ich so gerührt, dass ich weitere fünf Minuten ergriffen weine. Ich entscheide mich aber dann doch für die Erholung und gehe zurück in mein Bett.

Morgens um sieben geht die Tür zu meinem Zimmer auf.

»Guten Morgen! Frau Karl Faltermeier, haben wir schon Stuhlgang gehabt?«

Ich schrecke aus dem Schlaf: »Ich nicht, Sie?«

»Stuhlgang brauchen wir für die Entlassung, aber es dauert meistens, das ist normal.«

Ah – eine zweite Schwester: Das Baby kommt an. Mit einem Schnuller im Mund und dem Hinweis, dass man etwas Pre-Milch zugefüttert hätte, um mich nicht zu wecken. Klar. Hätte mich jetzt auch nicht gewundert, hätte mir jemand mitgeteilt, dass das Baby schon filterlose französische Zigaretten rauchen würde. Und ganz ehrlich – ich hätte es in diesem Moment auch völlig in Ordnung gefunden. Weil ich nämlich mal so was wie ausgeschlafen bin. Und das ist unbezahlbar.

Ich nehme das schlafende Baby aus dem Wagerl und schaue es an, wie es ganz unmerklich am Schnuller nuckelt. Sollte man vermutlich alles nicht machen. Aber es ist egal. Ich mag das Baby so sehr, wenn ich es anschaue, und ich bin mir total sicher, dass es perfekt für mich ist – weil bei uns eben nicht alles glatt läuft. Weil sie schreit und ich Schlaf brauche. Und daher hat sie einen Schnuller, und ich war kurz egoistisch.

»Es ist okay«, sage ich zum Baby.

»So süß«, sagt meine Zimmernachbarin.

Oh, die hatte ich fast vergessen. Sie stillt gerade ihr Kind. Natürlich stillt sie wie ein Profi. Aber ich gönne es ihr. Immerhin hatte mein Baby Charakter und war nicht so eine Mitläuferin wie diese perfekten Stillbabys. Alles hat nun mal eben seine Vor- und Nachteile.

»Danke, deines auch«, lüge ich. Denn ich merke, dass mir andere Kinder komplett egal sind. Mir gefällt nur mein eigenes. Klar, einem Kind in Not würde ich schon helfen. Immer. Aber die Stillkünste eines fremden Babys bewundern? Nein. Das ist nichts für mich. Und ich weiß eh, wenn meine Tochter erst wieder aufwacht, dann gibt es nur noch eine Sache zu bewundern: ihre Stimme.

Einen Tag später, nachdem sowohl das Baby als auch ich endlich im Krankenhaus Stuhlgang haben, stelle ich fest, dass die Stimme meiner Tochter tatsächlich in fast jedem wachen Moment zum Einsatz kommt – und die wachen Momente sind leider nachts. Die Milchpumpe ist irgendwann meine beste Freundin, und als Steffi mich nach meiner Stillbeziehung fragt, sage ich, dass man sich auf das saugende Ding verlassen könne. Somit habe ich nicht gelogen, ihr aber auch nicht erklärt, dass ich nicht – wie sie – nonstop stille, sondern auch pumpe.

Ein besonders großes Hallo gibt es am ersten Abend, als ich heimkomme. Einer meiner Brüder, mein Cousin und mein Schwager sind zu Besuch und begrüßen mich mit einem ironischen Grinsen: »Ist da noch eines drinnen?«, denn mein Bauch sieht nach zwei Tagen noch leicht schwanger aus.

Ansonsten sind die drei aber rührend um mich besorgt. Um mich aufzupäppeln, haben sie mir Rindertartar und blutendes Steak gezaubert, weil ich die ganze Schwangerschaft davon geträumt habe. Ich habe unglaublichen Heißhunger darauf und will nur vorher abpumpen und auf die Toilette gehen. Beim Toilettengang bemerke ich jedoch, dass da tatsächlich noch etwas Plazenta in mir war. So eine Überraschung! Tat auch nur fast so weh wie die Eröffnungswehen – aber egal. Richtig blöd ist nur, dass ich das Tartar nach dem Blick auf das Stück Plazenta richtiggehend runterwürgen muss. Es gibt da leider eine frappierende Ähnlichkeit. Es hat Jahre gedauert, bis ich wieder unbeschwert Tartar essen konnte – und wurde trotzdem Vegetarierin.

Direkt im Angesicht der Rohspeise entschuldige ich mich jedoch bei den enthusiastischen Köchen und versuche zu erklären, was gerade passiert war.

»Ist das denn normal so?«, will mein Bruder wissen.

Als ich ihm erkläre, dass das eine Ausnahme sei, aber wohl doch ab und zu vorkäme, ist er beruhigt.

Mein Bruder zuckt die Schultern: »Schade, das schöne Rind!«

Ich esse noch ein paar Anstandsbissen, mehr ist aber nicht drin. So eine Geburt kann einem wirklich alles versauen. Gut, bis auf das Baby natürlich. Das ist prima.

Nach der Geburt und Teilen der Nachgeburt, dem Tartar und einer weiteren durchgebrüllten Nacht bin ich dann doch irgendwann eingeschlafen und morgens um kurz vor acht zum ersten Mal daheim neben meinem Baby aufgewacht.

Da überkommt es mich: »Peter!!!« Ich beginne zu brüllen und auf den Rücken meines Mannes zu klopfen. »Peter!«

»Waff?« Er motzt irgendetwas in sein Kissen.

»Peter, ist dir eigentlich bewusst, dass wir uns um das Baby jetzt wirklich die nächsten achtzehn Jahre andauernd kümmern müssen? DIE GANZE ZEIT!« Ich bekomme Herzrasen.

Mein Mann dreht sich zu mir um: »Ist das nicht normal so?«

Ich falle zurück in die Kissen: Das war`s – genau daran hatte ich die ganze Zeit nicht gedacht. Verdammt.

Ach, das sind Phasen?

So ein Kind mit einem erhöhten Schreibedürfnis ist für eine junge Mutter durchaus eine Lektion in Demut. Während die Kleinen meiner Freundinnen ruhig im Kinderwagen liegen und schlafen, wenn die Mütter Kaffee trinken, hüpfe ich mit einer Babytrage neben dem Cafétisch auf und ab. Das Gesprächsthema einer jeden ähnlichen Zusammenkunft von Freundinnen oder Familienmitgliedern ist mit so einem Kind ebenfalls klar: Warum schreit Evas Kind so viel? Was läuft da falsch?

Eine derartige Runde beginnt meistens mit der Frage: »Und, Eva? Wie läuft`s als Mama?«

Und da ich in meinem Leben noch immer nichts dazugelernt habe, beantworte ich die Frage wahrheitsgemäß: »Puh, sie schreit viel! Sehr viel! Sogar die Hebamme ist etwas ratlos.«

Gott sei Dank sind meine Freundinnen, meine Bekannten und Verwandten nicht ohne Plan. Sie haben sogar sehr viel Rat. »Vielleicht hat das Baby ja Blähungen?«

Ja, da bin ich wirklich noch nie draufgekommen. Merci für diesen Insider-Tipp. Gänsehaut!

Im Ernst: Ich weiß das alles. Ich habe mir das alles schon überlegt. Ich habe Kümmelzäpfchen, Bauchöl und Babymassagen ausprobiert. Ich kenne jeden Beruhigungstrick, von der White-Noise-Einschlafhilfe bis hin zum Vorsingen. Ich weiß das mit der reizarmen Umgebung, lasse alles, was blähen könnte, in meiner Ernährung weg, und trinke keinen Kaffee mehr. Trotzdem schreit mein Baby ständig – und ich schaue nach zwei Monaten als Mama aus wie ein weniger attraktives Mitglied der *Addams Family*.

Zu all diesen Ratschlägen kommt bei jedem Treffen und Babybesuch auch die Aussage: »Die ist doch ganz ruhig, warum sagst du denn, dass die immer schreit?«

»Weil sie eben schreit, wenn ich sie ablege oder mich kurz mal ruhig verhalte, und vor allem: abends.«

»Ach so, wirklich?«

»Ja, wirklich!«

»Kinder übernehmen ja gerne die Anspannung der Eltern. Versuch doch mal selbst, ruhiger zu werden. Hüpf doch mal nicht die ganze Zeit rum!«

»Wenn ich nicht rumhüpfe mit der Trage, dann schreit sie ja!«

»Weil sie deine Anspannung spürt! Chill halt mal!«

»Mein Mann ist die ganze Woche beruflich unterwegs und ich bin allein mit einem Schreikind – wie entspannt man denn da?«

»Yoga!«

»Mach halt mal Yoga, wenn das Kind schreit!«

»Himmel, Eva – du bist doch nicht die erste Frau mit einem Schreikind, komm mal runter!«

Schweigen.

Ich hüpfe vollkommen entnervt neben der Kaffeetafel hin und her, bis meine Tochter von selber die Augen aufmacht. Sie ist satt, hat kurz geschlafen und die Windel dürfte noch frisch sein. Erfahrungsgemäß ist sie jetzt eine Stunde gut drauf.

Ich hole sie aus der Trage und sage: »Wenn wir Glück haben, geht es jetzt!« Ich versuche, mich zu setzen. Sie schreit.

»Gib mal her!« Eine überambitionierte Dame aus der Kaffeegesellschaft reißt mir das Kind aus dem Arm.

Und ich lasse es geschehen, weil mir inzwischen alles egal ist. Ich weiß eh, was jetzt kommt: Wenn andere meine Tochter nehmen, stellt sie sich tot. Sie wird jetzt das zufriedenste Kind der Welt sein, niemand wird mir mehr glauben, dass sie wirklich Nächte durchschreit. Doch ich kann mir hier schnell Nahrung in den Mund stopfen. Ich bin so ausgehungert von der Stillerei. Später werde ich das zwar bereuen, weil meine Tochter die Stille in den Armen anderer Menschen abends doppelt so lange und energisch herausschreien muss, aber ich lege den Fokus jetzt mal für eine Sekunde auf meine Ernährung.

»Was hast du denn? Die ist doch perfekt brav?«

»Ja, waff hab ich nur, ich Pfoidepp!«, sage ich schwer verständlich mit einem ganzen Stück Kuchen im Mund. »Bild ich mir plopf eim!«

»Vielleicht isst du auch zu viel Zucker?«

In mir verkrampft sich alles, dabei will ich mir gerade das

zweite Stück Kuchen den Rachen hinunterschieben. »Ja, vermutlipf. Zviel Pfucker!« Es reicht, ich esse jetzt noch ein drittes Stück. Ich hasse eigentlich Apfelkuchen und hätte sehr gerne ein Käsebrot, aber jetzt erst recht, ihr Penner!

Klar rege ich mich jetzt innerlich auf. Natürlich ärgere ich mich. Ich ärgere mich nicht über meine Tochter, denn die kann nichts dafür, dass ich erwartet habe, wir wären ab der Geburt eine spirituelle Einheit, sie und ich. Das konnte sie nicht wissen, dass ich mir das Muttersein immer vorgestellt habe wie bei so komplett intuitiven Hippie-Müttern, die durch das Kind eine ruhige, perfekt karmische Ausstrahlung haben, nicht gestresst sind, sondern in sich versunken, optisch leuchten und stillen, als wäre es nichts. Bei mir ist es immer noch aufregend zu stillen, weil mein Baby halt in meinen Armen nur zwei Zustände kennt: Panik und Schlaf. Dabei bin ich die Mutter. Mir ist jetzt schon klar, dass meine Tochter sich mal mit ihrem Bettlaken aus dem ersten Stock abseilen wird, sich dann eine Selbstgedrehte anzündet, bevor sie auf ein 125er Motorrad steigt und mit einem viel zu alten Typen nach Kroatien abhaut. Ich nerve sie anscheinend auf die kurze Lebenszeit unfassbar. Bereits mit zwei Monaten!

Logisch, ich verstehe kaum, was sie braucht, und hangle mich von Erfahrungswert zu Erfahrungswert. Und immer, wenn ich denke, ich wüsste, wie es läuft, ist plötzlich wieder alles anders. Meine Freundinnen sagen, dass das ganz natürliche Wachstumsphasen seien und sich die Kinder eben weiterentwickeln und sich daher ständig neu erfinden würden. Ja, das finde ich wunderbar, dass Babys sich häufiger neu erfinden als Madonna in den Neunzigern. Das wusste ich natürlich vorher nicht. Woher auch? Das sagt einem in der Geburtsvorbereitung niemand! Keine Sau interessiert es, die Mütter auf so was wie Schübe oder Phasen oder überhaupt auf ein Leben nach der Geburt vorzubereiten. Gibt es für Mütter denn noch ein eigenes Leben nach der Geburt? Und obwohl meine Tochter so lautstark unglücklich mit ihrem Leben ist, bin ich immer ein wenig beseelt, wenn ich an alles denke, was wir bisher schon zu zweit geschafft haben.

Wie zum Beispiel diesen neuralgischen Tag, an dem ich erfuhr, wie das mit dem Wachstum und der Entwicklung in der Praxis funktioniert. Nach fast fünf Wochen mit Kind dachte ich, dass wir uns endlich ein wenig eingegroovt hätten, und war beim Geburtstag der Oma meines Mannes. Das Baby wurde herumgereicht wie Dave Grohl beim Stagediven, und ich bekam Tipps aus erster Hand. Nachdem ich bereits im Krankenhaus von einer nahen Verwandten meinen Lieblingstipp bekommen hatte, dass ich nämlich die »körperlichen Bedürfnisse meines Mannes« über dem Baby auch während des Wochenbetts nicht aus den Augen verlieren dürfe, bemerkte ich mit zunehmender Mutterschaft, dass Tipps seit der Schwangerschaft so etwas wie eine neue Rubrik in meinem Leben waren.

Als ich noch Single war, gab mir eigentlich niemand Tipps. Außer vielleicht: »Trink nicht vier Weißbier, wenn du einen guten Typen kennenlernen willst.« Doch jetzt als Mutter konnte man mit mir eh nur noch über das Kind und potenzielle Verbesserungen in meiner Erziehung sprechen. Ich hörte mir also auch die Aussagen der anwesenden familiären Unternehmensberaterinnen an.

»Still bald ab«, sagte die eine.

»Still niemals kürzer als ein Jahr«, die andere.

Ungeachtet der vielen Diskussionen um ihre Zukunft hat

sich – irgendwann zwischen Hauptgericht und Schwarz-wälder – meine Tochter entschlossen, jetzt ihren ersten Schub zu beginnen. Sie befand sich gerade in den Armen der Mutter meines Mannes, die sonst immer betont laut sagte: »Soooo ein ruhiges Baby, was erzählt denn die Mama da immer, dass du so schreist, du bist doch ganz brav!«

Wie aus dem Nichts begann das Baby, hysterisch zu schreien, und zunächst war ich ein wenig schadenfroh, weil ich mir dachte: »Ja, schau an. Ist sie doch nicht so brav, die Kleine. Na so was!« Die Schadenfreude legte sich aber schnell, als ich feststellen musste, dass nichts, aber auch gar nichts – außer der Brust – dieses Kind beruhigen konnte. Ich stillte die Kleine ausgiebig im Schlafzimmer der Großeltern neben einem Rollator und vor einer verspiegelten Schrank-wand. Ich wechselte die Seiten und merkte: Sie wird nicht satt. Ich wurde unruhig und sah mich da so hocken. Von meinem eigenen Anblick musste ich ein wenig weinen. Es roch in dem Raum nach 4711 Echt Kölnisch Wasser, und ich saß da wie ein Schatten meiner selbst. Was war nur aus mir geworden? Ich alterte momentan wirklich galoppierend. Nervlich, körperlich und auch geistig.

Es klopfte in meine fatalistischen Gedanken hinein an der Schlafzimmertür. Meine Schwiegermutter kam herein. Wie es denn laufe, wollte sie wissen, weil die anderen schon fragen würden. »Die freuen sich ja alle auf das Baby!«

»Ich kann nicht zaubern«, erwiderte ich. »Jedes Mal, wenn ich sie von der Brust nehme, schreit sie.«

»Du darfst sie aber jetzt auch nicht verwöhnen, das ist nicht gesund.«

»Ich verwöhne sie nicht, ich halte nur nicht aus, wenn sie weint.« Ich fing an zu weinen.

»Ach Gott, bist du fertig. Du musst sie abgeben und dich ausruhen, das ist wichtig«, meinte meine Schwiegermutter.

»Aber sie kann doch niemand sonst stillen.«

»Pump halt ab!«

»Immer ist alles falsch, was ich mache, immer weiß es jeder besser.« Meine Tränen tropften auf den Kopf meiner Tochter.

»Also, jetzt beruhigst du dich und kommst schnell vor, weil die Ersten schon bald fahren!«

Sie ging, und ich schaute wieder in den Spiegel. Da saß sie, diese kaputte Frau, die mal ich war. War mit mir eigentlich alles in Ordnung? Ich überlegte. Ja, vermutlich. Ich hatte schon Tage gehabt, da war ich mit meiner Babytrage gut gelaunt durch den Park gegangen und habe Musik gehört. Es war nicht alles Blues. Aber ich hatte mir auf jeden Fall alles besser vorgestellt. Den Druck von außen hatte ich absolut unterschätzt.

Es klopfte. Mein Mann schaute herein. »Stör ich dich?«

»Mich stört gar nix mehr.«

»Die vorne fragen recht viel nach dem Baby, weil du jetzt doch schon eine halbe Stunde stillst.«

»Ich weiß auch nicht, was mit ihr los ist, sie hört nicht auf zu trinken. Ich habe jede Seite schon zweimal. Ich wundere mich, dass da überhaupt noch Milch drin ist.«

»Scheiße!«

»Ja!«

Er schloss die Tür, und als ich gerade wieder anfangen wollte, angesichts meines elenden Spiegelbilds weiteren traurigen Gedanken nachzuhängen, kam die Oma meines Mannes herein.

»Geh doch jetzt vor«, sagte sie, »die wollen alle das Baby sehen!«

»Gut«, entgegnete ich und stand auf. Stillend.

»Geh, spinnst du jetzt? Doch nicht so!« Die sonst immer sehr ruhige Oma war entsetzt.

»Die hört nicht auf zu trinken – was soll ich machen?«

Die Oma verdrehte die Augen und verließ das Zimmer.

Ich musste sehr tief atmen, um nicht auszuflippen. Das Baby schnaufte auch genervt und schlug mit dem Kopf leicht gegen meine Brust. Ja, die war jetzt wohl leer. Ich kann auch nichts dafür, dachte ich, dass da plötzlich so viel Bedarf ist und meine Brust den nicht sofort decken kann.

»Kann ich es in diesem Scheißhaus von einer Welt eigentlich irgendjemandem recht machen?«, schrie ich dann mein Spiegelbild an und ging aus dem Zimmer. Gleichzeitig dockte ich meine Tochter von meiner Brust ab und legte sie mir an meine Schulter. Sie machte immerhin ein Bäuerchen, bevor sie wieder zu schreien begann. Mit nackter Brust, die aus dem Still-BH heraushing, ging ich in das Wohnzimmer und übergab meine Tochter ihrem Vater.

»Da, bitte!«

»Eva, was zur Hölle …?«

Ich machte kehrt, packte meine Brust ein, zog an der Garderobe den Autoschlüssel aus der Jackentasche meines Mannes und lief zum Auto. Anscheinend waren eh alle nur wegen des Babys da, und dann sollten sie mal schauen, wie sie mit der Not-Premilch in der Windeltasche ohne mich zurechtkamen. Sie wollten ja, dass ich das Baby mal abgebe.

Zu Hause legte ich mich auf die Couch und fiel augenblicklich in einen komatösen Schlaf.

»Sag mal, geht's noch?« Mein Mann weckte mich, im Arm unsere brüllende Tochter und um die Schulter eine Windeltasche. »Eva, die schreit nur!«

»Ich weiß, aber die Verwandten hatten es ja so eilig, sie zu sehen, da wollte ich nicht stören.« Ich nahm ihm die Kleine ab und stillte. Ich stillte zwei Tage durch.

Als die Nachricht von Steffi kam, ob ich denn den Fünf-Wochen-Schub schon gehabt hätte, googelte ich. Und fand ein Buch über Wachstumsschübe. Ach, wie spannend. Das war das also. Und davon gab es noch so einige? Sehr schön. Warum auch nicht. Wenigstens wusste ich, dass wir bei keinem der nächsten Schübe bei einer Familienfeier meines Mannes sein würden. Denn wir wurden – überraschenderweise – nie mehr eingeladen.

Mir ist so unfassbar langweilig

Langeweile? Mit einem Baby? Mit einem Baby hat man doch keine Langeweile. Immerhin ist das die Zeit, die man sich lange erträumt hat: endlich Zeit mit dem gesamtgenetischen Konstrukt eigener und fremder Gene zu verbringen! Und im besten Fall mag man den anderen Part der genetischen Herkunft nach Schwangerschaft und Geburt und den ersten Wochen mit dem Kind noch so gerne wie beim Kennenlernen. Da kann man dann schon mal drei bis vier Monate verzückt auf das eigene Kind schauen und die Ähnlichkeiten zum geliebten Partner suchen … Möchte man meinen. Aber trotzdem ist es so, dass ich oft derart antriebslos und gelangweilt bin vom Mutterdasein, dass ich in den ersten ruhigen Wochen nach der anfänglichen Schreiphase den Rattan-Stubenwagen meiner Tochter nur etwas geschubst habe, wenn sie einen Laut von sich gegeben hat. Ich war einfach so ausgebrannt, fertig und grundgelangweilt von der ersten Zeit mit ihr.

Da ist es dann auch egal, wie sehr du dich nach einem Baby gesehnt hast, es ist egal, welche Art der Zeugung und Partnerschaft der Entstehung des Babys zugrunde liegt. Als überwiegend betreuendes Elternteil ist es oft so, dass man ausflippen möchte vor Langeweile und sich dermaßen unausgelastet fühlt bei gleichzeitiger körperlicher Komplettüberforderung, dass man nur noch schreiweinen möchte. Mehrmals am Tag. Mit dem Baby.

Aber ist das nicht undankbar?

Klar – in gewisser Weise sicherlich. Und natürlich: Alles geht auch immer noch schlechter. Es kann immer noch schlimmer kommen, man könnte immer noch dankbarer sein und immer noch glücklicher. Weil es uns ja gut geht. Weil sich der Kinderwunsch erfüllt hat. Weil die Schwangerschaft endlich vorbei ist und wir wissen, wie das Endprodukt unserer Liebe so ausschaut.

Aber wenn du als Mutter gerade auf dem Spielplatz rumhockst und dich fragst, was mit deinem ehemals spannenden Leben passiert ist, und dein Kind pennt im Kinderwagen, dann ist der Moment gekommen, um mal kurz zwei bis zwanzig YouTube-Videos zu den Kardashians anzuschauen. Das möchte absolut niemand infrage stellen; Schlafe, wenn das Baby schläft, mach die Wäsche, wenn das Baby in die Wäsche macht, doch wenn das alles nicht geht und das Baby nur beim Frischluftschnappen schläft, gönn dir eine Pause und binge alles zu deiner Lieblingsserie.

Einfach mal das Hirn durchlüften, nichts Wichtiges denken. Nur dumpf konsumieren und sein. Dämliche Serien – die Achtsamkeit der kleinen Frau oder jungen Mutter. Nein, daran kann wirklich niemand mit einem Funken Verstand und Empathie im Leib etwas Schlechtes finden.

Die einzige Sache, die hingegen einmal dringend beleuchtet werden muss, ist, wie man den verurteilenden Blicken von Seniorinnen und Mit-Eltern entgeht. Denn immerhin ist die Mutter, die ins Smartphone blickt, in Deutschland gemeinhin nicht so akzeptiert wie die, die sich aufopfert, die Blusen stärkt und Essen vorkocht. Das hat auch historische Gründe, logisch. In keinem anderen Land auf diesem Planeten gab es diese seltsamen Orden für Mutterschaft und dieses kuriose Bild der mütterlichen Mutter deren Hauptbestimmung Mutter-Sein ist – noch vor ein paar Jahrzehnten. Das bemerkt man zwei Generationen danach leider immer noch. An den Blicken, den Tipps und den ungefragten Kommentaren, die man so als gelangweilte Smartphone-Mama abbekommt.

Und klar – es ist Abwägungssache: Ich sitze beispielsweise an einem dieser heißen Sommertage, an denen man auch ein Spiegelei auf einem Parkplatz braten kann, mit meinem Kind gerne am Flussufer in der Stadt. Und natürlich mache ich zunächst zwei, drei Fotos für Instagram von der tropisch-urbanen Oase. Mit Kind, mit Fluss, mit Kind und Fluss. Ein blauer Himmel – durchzogen von sich im warmen Lüftchen wiegenden Zweigen. Über das kleine Video lege ich auf Instagram noch ein Lied von Cat Stevens. Mehr Sommer war nie.

Spielt mein sechs Monate altes Kind jedoch ohne Schwimmhilfe an dem Flussufer, sollte ich vielleicht nicht nur rufen: »Pass auf die Dampfer auf!«, ohne vom Handy aufzuschauen. Weil das nicht nur nicht gut ankommt, sondern auch gefährlich sein kann. Daher weiß mein Baby auch: Solange Mama Insta-Story macht, darf ich nicht spielen. Easy. Wie Babys mit einem halben Jahr Sachen halt einfach wissen. Trotzdem werde ich von den anderen Menschen am Flussufer verächtlich gemustert: »Was geht mit der handysüchtigen Alten ab?« Und gut. Dann lege ich das Handy nach fünfzehn Minuten eben weg. Obwohl meine Story noch nicht fertig designt ist, und – mein Gott – dann darf meine Tochter eben spielen.

Aber wenn das Kind im Kinderwagen vor sich hin schläft – und ich hundemüde bin, weil gerade Zähne kommen, ich aber für frische Luft sorgen muss, weil wir im vierten Stock, im Dachgeschoss, ohne Balkon wohnen, braucht mich doch niemand schief anschauen, nicht wahr? Niemand ist da gefährdet. Und natürlich könnte ich meine Zeit jetzt sinnvoller im Haushalt nutzen, aber es wäre doch vollkommener Mist, wenn ich bei schönem Wetter daheim Blusen stärken würde, oder? Und wer weiß, vielleicht stärke ich Blusen auch sehr gerne abends, während mein Mann auf der Couch eingeschlafen ist. Oder nie. Vielleicht stärke ich niemals Blusen, weil ich nur langärmlige Jersey-Oberteile trage oder T-Shirts. Davon aber wissen diese älteren Damen mit ihren stechend verurteilenden Blicken nichts.

Womöglich sind die Rollenbilder dieser Frauen auch furchtbar überholt, so wie das Smartphone alle anderen Medien überholt hat. Während meine Eltern früher noch ein Magazin auf der Parkbank gelesen haben, als ich im Kinderwagen gepennt habe, schaue ich jetzt kurz auf Instagram. So what? Mehr als irgendwelche sich ständig wiederholenden Reels mit tanzenden Leuten kann mein Gehirn gerade eh nicht verarbeiten. Schön, wenn jemand mit einem Kleinkind fähig ist, einen Artikel im Feuilleton der *Zeit* zu lesen und zu verstehen. Ich nicht. Ich brauche Technologie für meine müde, weiche Birne.

Fortschritt bedeutet eben auch, dass man sich weniger plagen muss. Körperlich und geistig. Aber natürlich müssen wir – als progressive Eltern – davon ausgehen, dass nicht alle mit dem Fortschritt so rasch mitkommen. Man bedenke nur, was für Diskussionen es zum Gendern gibt. Nicht alle sind im Kopf gleich beweglich. Und da könnte man jetzt sicherlich auf der Parkbank das Diskutieren anfangen mit irgendwelchen BoomerInnen, die kurz davor sind, das Jugendamt zu informieren, weil man mal eine Stunde in der Öffentlichkeit neben einem schlafenden Kind netflixt. Oder man ist schlau und geht ein wenig weiter …

Nach so vielen nicht enden wollenden Nachmittagen auf dem Spielplatz, an denen ich mich erfolglos bemüht habe, das Vogelgezwitscher zwischen dem Kindergeschrei zu genießen, suchte ich nach einer Möglichkeit, meine eigene Berieselung mit der Belüftung meines Kindes zu verbinden.

Ich ging sogar so weit, dass ich einer meiner verhasstesten Beschäftigungen für ein paar vergnügliche Stunden auf dem Spielplatz nachging: Ich begann zu basteln.

Es war zunächst nur eine spontane Idee, weil ich daran dachte, dass der Mangel an Technologie auf einem Spielplatz einer gewissen Gefangennahme gleicht. Und ich musste an Feilen denken, die Ma Dalton in *Lucky Luke* immer in Brote eingebacken hatte. Aber ich konnte mein Smartphone nicht in eine Breze einbacken. Doch vielleicht in ein akzeptierteres Medium? Das ging. Und so habe ich mein Handy in ein Buch eingebaut. Und zwar in Dostojewskis *Der Idiot*. Das war schön dick und trotzdem handlich. In ziemlich filigraner Handarbeit musste ich den Kern der Seiten mittig herausschneiden und an mein Smartphone anpassen. Das hat auch etwas Spaß gemacht, weniger wegen des Bastelns, eher wegen des aufregenden Bauchkribbelns, das in mir aufkam, weil die Aktion so verboten war. Außerdem erinnerte mich das Herumschneiden an den Linolschnitt im Grundkurs Kunst. Zunächst dachte ich, ich könnte so nur sehr unauffällig online etwas bestellen oder Artikel auf dem Handy lesen, da ich natürlich aus einem Buch nichts hören konnte. Doch dann kam mir eine neue Idee: Dank meiner Bluetooth-Kopfhörer kann ich nun auch sehr gut hören, was in meinem Buch steht, also – was in meinem Handy gesprochen wird.

Und so lese ich eben wegen der Idioten, die sich immer in das Leben anderer Leute einmischen müssen, *Der Idiot*. Ich lese ihn in der S-Bahn, auf Parkbänken und in Wartezimmern. Ich habe das »Buch« neulich sogar bei meinen Schwiegereltern im Garten gelesen, weil es mich so sehr fesselt. Wenn man ein paar Seiten mehr fein säuberlich herausschneidet, kann man auch hin und wieder umblättern, um Verdacht abzulenken.

Schwierig wird es lediglich, wenn mein Kind aufwacht und beschäftigt werden will. Denn manche Spiele, wie das Bauernhof-Steckpuzzle aus Holz, werden selbst bei der fünfhundertsten Wiederholung nicht interessanter. Aber auch hier sind Bluetooth-Kopfhörer eine gute Rettung. Man kann – für das Baby vollkommen unerkannt – telefonieren, Podcasts anhören oder Sprachnachrichten senden und anhören. Und schon ist der Tag vorbei. Und ich habe wieder voll gut gemuttert für alle Außenstehenden – und, last but not least, für mein Kind. Und dann lege ich meine zwei Schätze ins Bett und hoffe, dass sie sich gut erholen beziehungsweise aufladen. Also, das Baby und meine Bluetooth-Kopfhörer. Letztere zahnen übrigens nicht. Und trotzdem mag ich mein Baby lieber. Wenn das nicht echte gute Mutterschaft ist, dann weiß ich auch nicht.

Ich will nicht wieder in den Beruf!

»Und? Wann geht es bei dir wieder los?« Luisas Mama schaut mich mit großen Augen an.

»Was?« Meine Tochter fährt sich gerade eine Hand Sand in den Mund, und ich höre leider nicht genau zu. Daher gebe ich eine meiner Universalantworten: »Bald!«

»Ach, ich kann das noch nicht. Ich find das ja toll, dass du wieder zum Arbeiten gehst, aber ich kann Luisa einfach noch nicht abgeben.«

Mir läuft ein kalter Schauer über den Rücken. Ja, bald war es so weit. Ich hatte es allen Beteiligten vor der Geburt hoch und heilig versprochen: Nach zwölf Monaten Elternzeit würde ich wieder in der Arbeit sitzen. Da war es auch leicht gewesen, so etwas zu versprechen, da hatte ich kein Schreikind daheim. Aber die Dinge haben sich entwickelt. Meine Tochter und ich, wir sind jetzt das beste Team der Stadt. Niemand schreit mehr seit dem vierten Monat. Und seit ich nach fünf Monaten abgestillt hatte, da war nur Steffi traurig, weil ich der WHO-Empfehlung nicht gefolgt bin und nicht sechs Monate gestillt habe. Leider war ich ab dem Zufüttern von Brei in eine leichte Depression gefallen, und daher hatte mir die Kinderärztin zum Abstillen geraten. »Babyblues empfiehlt die WHO auch nicht«, hatte sie gesagt.

Zuvor hatten Steffi und ich einen handfesten Streit, weil ich mit vier Monaten das Baby bei meiner Schwiegermutter gelassen habe, um auf eine Hochzeit zu gehen. Drei Tage habe ich abgepumpt und weggeschüttet, weil der Weißwein auf der Hochzeit ausgezeichnet war. Meine Schwiegermutter hatte endlich Ruhe gegeben, weil sie mal Zeit mit dem Baby hatte, und meine Tochter hatte ausreichend zu trinken, weil es Pre-Milch gab. Für Steffi war das eine Katastrophe, und vermutlich hatte sie auch recht und meine Tochter wird diesen abrupten Abnabelungsprozess später in zwei bis drei Therapien verarbeiten, aber so ist das eben. Und klar fühlte sich das würdelos an, wenn man auf einer Hochzeit viermal im Abendkleid ins Nebenzimmer geht und eine Art fränkische Weißwein-Piña-Colada aus der Brust abpumpt, um sie dann in den Ausguss zu kippen, aber ich habe in meinem Leben schon viel würdelosere Dinge getan. Allein in der Zeit, in der ich in meinen italienischen Klassenkameraden verliebt war, habe ich Dinge getan, an die darf meine Tochter später nicht einmal denken!

Immerhin habe ich nicht nur abgestillt, weil ich zum Wellnessen fahren wollte. Aber auch. Und wegen meiner seelischen Schieflage. Nach dem Abstillen und dem Wellness-Wochenende ohne Kind war dann übrigens auch die seelische Schieflage weg. Und ich konnte die Elternzeit endlich genießen.

Meine Tochter und ich, wir machten es uns auf jeden

Fall wunderschön. Der Sommer war herrlich, wir liebten beide Wasser und waren jeden Tag im Freibad. Wir schleckten Eis, lagen auf Decken im Park und legten uns nach dem Frühstück noch mal hin. Das war Mutterschaft, so wie ich es mir immer vorgestellt habe. Und während Steffi mit ihrem Sohn nicht ins Freibad konnte, weil der die Hitze nicht gut aushielt, hängten wir stundenlang im Schatten des Babybeckens ab. Wir waren das stärkste Mutter-Tochter-Team seit Maria und Margot Hellwig, und niemand und nichts konnte uns stoppen.

Und jetzt das: Arbeit. Ich fröstle bei dem Gedanken daran, meine kleine lustige Tochter jeden Tag in eine Krabbelstube zu bringen, nur um mich in die Arbeit zu schleppen und irgendeiner Kritik von einer Kollegin auszusetzen, die findet, dass ich den Webseitentext nicht optimal geschrieben habe. Furchtbar. Aber leider hatte ich zuvor recht stark angegeben, dass mir Arbeit so wichtig sei und dass ich finde, Frauen könnten inzwischen alles leisten. Und ich hatte vielleicht sogar die ein oder andere feministische Grundsatzdiskussion angezettelt, sodass eine längere Elternzeit für mich eine Art Scheitern bedeuten würde. Schon blöd.

Meine Meinung zur Elternzeit hatte sich in dem Traumsommer mit meiner Tochter komplett geändert. Nur bin ich nicht die Beste darin zuzugeben, dass ich mich irgendwann mal getäuscht hatte. Ich wollte das jetzt durchziehen, ich wollte zurück in die Arbeit, obwohl ich beim Gedanken daran plötzlich friere und Bauchweh bekomme. Ich bin eine erwachsene Frau, ich kann das.

»Es ist wirklich stark, dass dir das gar nichts ausmacht. Und Angst, dass du das alles nicht unter einen Hut bekommst, hast du auch nicht?« Luisas Mama lässt nicht locker.

»Mmm. Eigentlich nicht!«

»Gleich acht Stunden – Vollzeit. Schon krass!«

»Na ja, mein Chef hat gesagt, dass ich meinen Job nur zurückbekomme, wenn ich nach dem einen Jahr wieder in Vollzeit da bin. Und es gibt die Stelle nur einmal im Unternehmen«, versuche ich, meine Lage zu erklären. Denn nur auf feministischen Grundsätzen beruhte die Entscheidung ja auch nicht. Zudem wollen wir uns ein Haus kaufen – und das geht einfach nicht, wenn ich nicht in Vollzeit arbeite. Erst mal.

»Also, wie gesagt: Hut ab, weil – ich würde nur heulen!« Luisas Mama schließt das Thema damit ab.

Auch mir ist zum Heulen zumute. Ich schaue meine Tochter an, wie sie so in der Herbstsonne im Sand spielt. Ich habe Trennungsschmerz.

»Immerhin kann deine Tochter schon laufen, dann verpasst du nicht ihren ersten Schritt!«, schiebt Luisas Mama noch aufmunternd hinterher.

Wenigstens haut meine Tochter der Luisa gerade eine Schaufel auf den Kopf, weil ich das sonst vielleicht bei ihrer Mama gemacht hätte. Da sieht man es mal wieder: Wir sind das perfekte Team.

Kita-Zeit

Eingewöhnung und Schuld

»Und wir haben hier ein ganz besonderes pädagogisches Konzept, das habe ich Ihnen ja bei der Besichtigung vor einem Jahr schon vorgestellt. Die Kinder werden ganz kreativ angeleitet, nach Friedrich Fröbel.«

»Aha!« Nichts interessiert mich weniger als pädagogische Konzepte. Das Einzige, woran ich gerade denken muss, wie ich hier so in diesem Flur der Kita stehe, ist, dass ich gleich meine Tochter in diese Gruppe mit Unbekannten schicken muss.

Kurz darauf sitze ich auf einem Miniaturstuhl in der grünen Gruppe und schaue meiner Tochter zu, wie sie durch die anderen Kinder wackelt. Ich frage die Erzieherin, wie alt denn die jüngsten Kinder sind. Es stellt sich heraus, dass alle älter sind als meine Tochter.

»Aber die wirken ja teilweise, als wären sie acht Monate alt«, werfe ich ein.

Die Erzieherin zuckt mit den Schultern und verweist auf die Individualität der Entwicklung. Aber kann sich meine Tochter hier überhaupt entwickeln? Sie ist vielleicht die Jüngste, aber sie steckt die anderen kognitiv locker in die Tasche ihres Latzkleides. Das sieht ja wohl jeder sofort.

»Aber meine Tochter ist schon viel weiter als alle anderen!«

Die Erzieherin zuckt wieder mit den Schultern.

Natürlich geht bei so einem Traumkind die Eingewöhnung zackig. Während das zweite Kind, das zeitgleich eingewöhnt wurde, heftigsten Trennungsschmerz hatte, ist meine Tochter bereits am zweiten Tag alleine in der Gruppe. Nach einer Woche ist die Eingewöhnung vorbei. Sie ist das perfekte Kita-Kind. Logisch.

Immerhin war sie ein Jahr mit mir zusammen. Ich habe sie vom Schreikind zur Chefin auf dem Spielplatz erzogen. Sie konnte mit neun Monaten laufen! Sie isst mit Besteck! Sie tanzt mit mir Ausdruckstanz zu Kendrick Lamar. Was ist, wenn diese Fröbel-Jüngerinnen das alles wieder zum Teufel schicken? Dieses Kind ist eine Indie-Göttin in Windeln. Ihre Erziehung würde ich höchstens in die Hände von Erykah Badu geben.

Jeden Tag schleppe ich mich nach der morgendlichen Trennung mit schlechtem Gewissen und düsteren Gedanken aus der Kita auf die Straße und überlege, wie ich es aufhalten könnte, dass mein Kind uncool wird. Und wie ich gegen meinen inneren Instinkt, das Kind weiter ganz alleine zu beeinflussen, ankämpfen kann. Aus purer Verzweiflung beginne ich eine Art Verabredungsmarathon, um mich von den schweren Gedanken um die Zukunft meiner Tochter abzulenken. Doch wie?

Ich kann auch nicht einfach zurück in mein altes Leben – vor der Tochter –, das Leben, in dem ich an freien Tagen schnell mit einer Freundin auf einen Aperol in die Innenstadt gegangen bin. Das geht nicht mehr, weil ich bald die Doppelbelastung habe und meine Kräfte schonen muss. Außerdem bin ich jetzt Erziehungsberechtigte und kann nicht am Nachmittag trinken. Zumindest nicht, solange meine Tochter noch so klein ist. Und außerdem kann ich mich mit vielen meiner alten Freundinnen nicht mehr treffen. Nicht etwa, weil die nicht nett sind. Die sind sehr nett. Auch schön, klug, stylish, erfolgreich und lustig. Aber ich ertrage es nicht, dass sie so gar nichts müssen – und ich muss alles.

Das war am Anfang nicht so. Obwohl meine Tochter immer gebrüllt hat, fühlte ich mich etwas euphorisch – wie eine vom Schicksal begünstigte Königin. Wie eine Beyoncé der kleinen Frau. Das war ich nach der Geburt. Irgendwann bin ich dann aber mit meinem größeren Baby, das sich im Buggy aufgebäumt hat wie eine Wahnsinnige, mit Hängebusen und ohne BH, mit Leggins voller Mottenlöchern (wir hatten da einen Befall), XXL-Shirt, Augenringen, ungeschminktem rotem Gesicht und riesigen Poren sowie mit einer ungefärbten und ungeschnittenen Frisur durch Regensburg getrottet. Energielevel war bei zwei. Von 40 000 möglichen. Ich habe genauso ausgesehen wie die Mutter in dem Wimmelbuch von Regensburg, die vollkommen groggy einen Wagen mit zwei schreienden Kindern schiebt. Zwei Tage zuvor hatte meine Tochter auf das Bild im Wimmelbuch gezeigt, auf mich getippt und »da« gesagt. Und ich dachte, sie würde eine generische Mama meinen. Aber vermutlich meinte sie einfach, sie hätte mich erkannt.

Wie ich dann zwei Tage später so als fertige Wimmelbuch-Mama durch die Stadt latschte in meinen immergleichen Birkenstock-Schuhen, von denen ich schon Bikinistreifen am Fuß hatte, sah ich zwei meiner noch kinderlosen Freundinnen beim Aperol-Trinken in einem Café. Als ich mit dem Buggy auf das Café zufuhr, überlegte ich für einen Moment, mich in letzter Minute zu verdrücken, weil der frische Hauch ihres perfekten Stylings und ihrer kultivierten

Lebensfreude bereits zu mir herüberwehten wie Parfum aus einem Douglas-Laden, und ich hasste das. Es war leider zu spät. Sie hatten mich entdeckt und winkten mich zu sich. Also mein scheinbar von Dämonen beherrschtes Kind, mich und alles, was wir so dabeihatten. Wir hielten eine kurze freundliche Konversation, in der ich mich so fühlte wie eine Frau, die gerade in Gülle gebadet hat, so wie man sich neben Kim Kardashian fühlen würde. Ich musterte ihre perfekten Frisuren, roch ihre teuren Düfte, sah ihr gesundes Essen, bewunderte ihre durchtrainierten Körper in schönen Klamotten – und wollte einfach nur verschwinden. Nicht weil ich mich wegen meines Aussehens schämte, sondern weil mir klar war, dass ich hier einen Blick auf ein altes Leben werfen durfte, das es für mich nie mehr geben würde.

Mit einem Verweis auf meine laute Tochter fuhr ich weiter, Tränen liefen mir über mein Gesicht. Meine Tochter drehte sich in ihrem Buggy so, dass sie nach hinten schauen konnte.

»Da! Da!«, gab sie von sich.

»Ja, das waren mal meine Freundinnen«, erklärte ich und gab ihr eine Reiswaffel, obwohl die gar nicht so gesund ist, weil ich wollte, dass sie mit mir in unser Leben schaut. Und das war eher wie eine Reiswaffel. Nicht so geil, wie man sich das vorgestellt hatte, mit den Konsequenzen setzen wir uns später auseinander, aber passt schon fürs Erste.

Seit diesem Erlebnis treffe ich mich nur noch mit Freundinnen, die auch Kinder haben oder schwanger sind. Und jetzt, da ich so viel Zeit habe, weil meine Tochter in der Krabbelstube ist, sitze ich mit denen beim Kaffeetrinken, gehe mit ihnen spazieren, und zweimal war ich sogar ganz alleine bei einer Massage. Klar, ab und zu schaue ich mich um, weil es mir ständig so vorkommt, als hätte ich etwas vergessen, aber dann stelle ich fest: Nein, es ist nichts. Ich brauche keine Wickeltasche, keine Babytrage und keinen Kinderwagen … Und ich bilde mir ein, dass ich das alles genieße. Bis meine Freundin Lisa einmal über ihre Hafermilch hinweg sagt: »Eva, du redest nonstop davon, wie großartig deine Tochter ist und wie du sie vermisst. Warum bleibst du dann nicht zu Hause, sondern gehst wieder in das Irrenhaus zum Arbeiten?«

Ich spucke vor Verwunderung ein kleines Stück Butterbreze auf die Stirn von Lisas Sohn. Sie putzt das schleimige Teilchen wortlos weg.

»Nerve ich dich?«, frage ich.

»Na ja, Eva – man könnte wirklich denken, dass deine Tochter was ganz Besonderes wäre!«

»Aber das ist sie ja auch!« In meinem Bauch beginnt es akut zu stechen. Nie war mir Lisa unsympathischer.

»Sicher, das ist sie, aber wenn du arbeiten willst, wird sie es verkraften, in eine Krippe zu gehen, verdammte Axt. Und wenn du da zweifelst, bleib daheim!«

»Du kannst das noch gar nicht nachvollziehen, wie schlimm die Trennung ist, weil du ja noch drei Monate Elternzeit vor dir hast!«

»Eva, du sitzt hier und brunchst jeden Tag, bis du sie wieder abholst. Komm mal klar.«

Mit diesem unerfreulichen Gespräch bricht sie also zusammen, meine Frühstücksidylle. Dabei wollte ich doch nur ein paar schöne Wochen haben, bevor mich die Doppelbelastung aus Kind und Job zermahlen würde. Und lange habe ich eh nicht mehr, denn mein erster Arbeitstag naht wie eine sommerliche Gewitterfront: erst langsam, dann plötzlich rasant.

Nach dem Frühstück mit Lisa, das ziemlich sprachlos endet, schleppe ich mich zur Kita. Meine Gedanken sind schwer, mein Herz noch schwerer, und ich fühle mich unfassbar traurig. Und schuldig. Weil ich keine Ahnung habe, ob das jetzt alles so richtig ist.

Auf dem Weg zur Kita rufe ich meine Mama an und erzähle ihr von meinem Dilemma.

»Eva, wir wären froh gewesen, wenn wir euch irgendwo hätten abgeben können. Ich wollte immer arbeiten. Das ist doch toll, dass es jetzt Kitas gibt«, hält sie mir vor.

»Aber Mama, das war doch so schön bei dir daheim!«

»Ja, für dich!«

»Was soll denn das jetzt heißen?«

»Mir war so stinkelangweilig. Eva. Ich habe meinen Abschluss zur Bankkauffrau damals mit Auszeichnung gemacht. Glaubst du, ich wollte mir die ganze Zeit mit dir daheim *Bibi-Blocksberg*-Kassetten anhören?«

O Gott, das ist ja alles noch viel schrecklicher, als ich dachte. Meine Mama wollte mich in die Kita geben und konnte es nicht – und ich kann meine Tochter abgeben und will es nicht. Bin ich jetzt undankbar? Idealisiere ich alles?

Tief in mich versunken hole ich meine Tochter ab. Sie rennt, wie jeden Tag, begeistert auf mich zu und strahlt.

»Sie ist so eine kommunikative Maus, sie liebt die anderen Kinder«, gibt mir ihre Erzieherin noch mit auf den Weg.

Und ich bin endgültig verwirrt. Bin ich eine Sandwich-Generation, die sich weigert, Kinderbetreuung gut zu finden? Was ist los mit mir?

Als ich mit meinem Mann abends vor einem Film sitze, drücke ich irgendwann auf »Pause« und schaue ihm bedeutungsschwanger in die Augen.

»Was?«, sagt er.

Er weiß genau, dass etwas ganz und gar nicht stimmt.

»Ich muss dir was gestehen!«

»Was?«

»Ich will nicht mehr in die Arbeit. Nie wieder. Ich bin dafür gemacht, daheim zu bleiben.«

»Bist du nicht!«

»Doch, bin ich schon. Und ich glaube, dass unsere Tochter zu klug ist für die anderen Loser-Kinder in der Kita.«

»Verarschst du mich gerade?«

»Nein! Ich meine das ernst.«

»Ich glaube jedenfalls, dass es für dich ganz dringend Zeit ist, wieder in die Arbeit zu gehen. Solche Sätze hättest du früher nie gesagt.«

»Da war ich ja auch noch nicht Mama.«

»Eva, wenn du mich fragst, bist du gerade sauegoistisch. Kinder finden es bei anderen Kindern spannend und wir brauchen das Geld. Du suchst einfach nach Gründen, nicht in die Arbeit zu müssen.«

Beleidigt verziehe ich mich ins Bett. Ich habe keine Lust mehr, Teil dieser Weltverschwörung gegen mich zu sein.

Die nächsten Tage verbringe ich wie in Trance. Ich leide beim Abgeben meiner Tochter und bummle vollkommen sinnlos durch die Straßen, während sie in der Kita ist. Am letzten Tag meiner Freiheit sitze ich im Park und esse eine Breze. Von weitem nähert sich fröhliches Kindergeplapper. Und da sehe ich sie: meine Tochter auf einem großen Wagen – eine Art Bus für Kita-Kinder –, den eine Erzieherin schiebt. Meine Kleine hat eine leichte Mütze auf und lacht sich aus vollem Hals kaputt. Das Mädchen neben ihr auch. Vermutlich hat meine Tochter einen Witz gemacht, weil sie einfach ein Spaßvogel ist.

Um von ihr nicht gesehen zu werden, lasse ich mich ganz langsam von der Bank gleiten und krabble auf allen vieren zum nächsten Baum. Dahinter verstecke ich mich und beobachte weiter den am Hauptweg des Parks vorbeiziehenden Wagen. Eine ältere Frau läuft mit ihrem Spitz direkt an meinem Baum vorbei, und der kleine Hund fängt hysterisch zu kläffen an. Ich lege meinen Finger auf die Lippen und signalisiere der Frau, dass ich Ruhe benötige. Die schüttelt den Kopf und geht weiter. Als der Wagen mit den Kindern vorbei ist, lasse ich mich hinter dem Baum auf die Erde fallen. Die totale Einsamkeit überkommt mich, und mir wird abermals bewusst: Ich habe keine Lust zu arbeiten. Überhaupt nicht. Aber daheim habe ich auch keinen Auftrag mehr. Das habe ich jetzt von meiner sehr guten Erziehung im ersten Jahr: Meine Tochter ist so selbstständig, dass sie mich nicht vermisst. Mission beendet. Zeit für ein zweites Kind, denn anscheinend bin ich einfach die geborene Mama.

Hundstage

Was hat die da grad gesagt? Unsere gesamte Abteilung steht bei 38 Grad vor dem Seitenausgang unseres Büros, weil wir eine Sicherheitsübung machen müssen, und die eine ältere Kollegin sagt vor versammelter Mannschaft zu mir: »Sie haben das ja wirklich geschickt gemacht: fester Vertrag, schwanger, kurz wieder arbeiten fürs Elterngeld und dann wieder schwanger!«

Die ganze Abteilung schaut mich schweigend an. Zwei Kollegen grinsen, aber in den Augen aller anderen KollegInnen kann ich sehen, dass sie gerade genau das Gleiche denken.

»Ja, wissen Sie, Frau Schmidt-Welke, ich bin hauptsächlich wieder schwanger geworden, weil ich nicht so eine arbeitsbesessene und einsame Frau werden wollte wie Sie«, kontere ich. Tja. Manchmal entfleuchen mir Dinge aus dem Mund, da kommt meine gute Kinderstube als Filter überhaupt nicht hinterher.

Frau Schmidt-Welke schaut sehr welk und schnaubt: »Na also, hören Sie mal! Das wird ein Nachspiel haben!«

»Ja, zwölf Monate Elternzeit!«

Da Frau Schmidt-Welke bei den anderen in der Abteilung sogar noch unbeliebter ist als ich, müssen alle jetzt richtig fett grinsen. Kaum jemand verkneift es sich noch.

Ich kann es denen auch nicht verübeln. Immerhin hat die Schmidt-Welke eine Klatsche bekommen, und gleichzeitig können sie sich schon darauf freuen, dass ich weg bin, weil – mich mag der Chef sehr gerne. Und Menschen, die beim Chef beliebt sind, sind nirgends sonst beliebt, alte Regel.

Als ich nach meinem Achtstundentag in Richtung Bushaltestelle gehe, ruft mich eine Kollegin von hinten:

»Eva! Warte mal!« Ich warte. »Hey, das war heute so geil mit der Schmidt-Welke! Wie die geschaut hat – ich habe gedacht, ich sterbe vor Lachen. Wir haben das alle so abgefeiert!«

»Ja, ist doch wahr – die dumme Nuss. Warum muss die mich auch so blöd angehen. Als hätte ich beim Schwangerwerden an die Elternzeit gedacht!«

»Ach, hast du nicht?« Meine Kollegin schaut mich belustigt an.

»Klar will ich wieder daheimbleiben. Aber nur aus Faulheit ein Kind zu zeugen, wäre vollkommen blödsinnig und auch widersprüchlich, weil Kinder sauviel Arbeit machen. Nee, ich habe allein deswegen beschlossen, schwanger zu werden, weil meine Tochter so gelungen ist. Da dachte ich, dass es fast schon fahrlässig wäre, der Welt eine weitere Person mit einer ähnlichen Gen-Kombi zu enthalten.«

Meine Kollegin lacht laut und ich mit ihr. Sie denkt, ich meine das ironisch, und ich weiß, dass ich es todernst meine. Meine Kinder müssen mal diese furchtbare Welt retten. Eigentlich ist es angesichts von Klimawandel und anderen Katastrophen komplett fahrlässig, überhaupt noch welche zu planen, aber ich bekomme sie in dem Glauben, dass sie helfen werden, alles rumzureißen.

Im Bus hat es 400 Grad. Ich frage mich, ab welcher Temperatur Fruchtwasser wohl kippt oder zu köcheln beginnt. Alle Plätze sind besetzt, und das ist auch okay, mit meinem Vier-Monats-Bauch schaue ich aus, als hätte ich mittags einen Knödel zu viel gegessen. Niemand muss hier aufstehen für mich. Nach fünfundzwanzig Minuten Geschaukel bei Höchsttemperaturen überlege ich, ob Busse mehr genutzt werden würden, hätten sie Klimaanlagen.

Bei der Ankunft an der Kita meiner Tochter, habe ich eine fünfzehnminütige Verspätung. Sie sitzt daher bereits mit Straßenschuhen im Garderobenbereich.

»Schau, da ist die Mama ja!«, sagt die Erzieherin.

»Es tut mir so leid, der Bus hatte wieder …«

»Verspääääätung, ich weiß. Aber vielleicht klappt es ja mal, dass die Mama einen Bus früher nimmt, dann komme ich auch mal pünktlich heim«, bemerkt die Erzieherin spitz.

Ich nehme es ihr nicht übel, weil ich weiß, wie lange meine Tochter schon da ist. Immerhin ist sie das erste Kind, das gebracht wird, und das letzte, das geholt wird. Das alleine gibt mir das Gefühl, eine absolute Rabenmutter zu sein. Sogar die Frau aus dem mittleren Management eines großen Automobilkonzerns schafft es, ihre Tochter früher einzusammeln. Gut, die kommt auch mit dem Firmenauto. Aber egal. Ich bin eine richtige Scheiß-Mutter. Ich weiß es.

Bei den derzeitigen Temperaturen bin ich so sehr mit mir selbst und meiner Schwangerschaft beschäftigt, dass ich mich wahnsinnig oft dabei ertappe, dass ich zu meiner Tochter kaum mehr etwas sage, außer: »Achtung, Vorsicht, nimm das bitte aus dem Mund, nicht auf die Straße rennen, aha, oh, nein, und komm sofort zurück!« Ich bin wie eine sprechende, typisch deutsche Verbotstafel: »Bitte nicht laufen, bitte nicht reden, bitte nicht atmen.« Aber ich atme mich halt gerade auch selber schwer. Rennt meine Tochter irgendwo hin, könnte ich ihr beim besten Willen nicht nachlaufen.

Seit Wochen ist es so heiß, dass ich mich eher wundere, dass ich noch nicht in einen anderen Aggregatszustand übergegangen bin. Wobei – Teile von mir sind inzwischen definitiv gasförmig. Und auch flüssig. Aber die äußere Hülle erscheint bislang menschlich. Bis auf meine Füße. Die haben inzwischen eine eigene Postleitzahl, und neulich musste ich meine Adiletten, die ich in letzter Zeit ausschließlich trage, sogar föhnen und das weiche Plastik dann dehnen, damit meine geschwollenen Riesenfüße da noch hineinpassen. Das ist doch irgendwie kein Leben mehr.

Der schönste Moment des Tages ist eigentlich, wenn wir nach dem Fußweg von der Kita endlich im Treppenhaus unseres Gründerzeithauses ankommen. Der einzig kühle Ort in der ganzen Stadt! Meine Tochter klettert meistens schon mal die Stufen hoch, nur um dann ab dem zweiten Stock getragen werden zu wollen. Ist ja kein Problem. Ich habe nur eine Tasche, eine Kita-Tasche und dann die Kleine. Klar wuchte ich das noch zwei weitere Stockwerke hinauf. Bereits im dritten Stockwerk empfängt mich die Hitzewand. Und bis zu unserem Stockwerk schwitze ich aus allen Kanälen, Bereiche von mir sind purpurrot.

Da mein Mann leider in einem anderen Regierungsbezirk arbeitet, bin ich abends alleine. Na ja, ich bin eigentlich die ganze Woche alleine in dieser sehr heißen Dachgeschosswohnung, und meistens sitze ich, wenn wir zu Hause angekommen sind, erst einmal etwas auf dem Boden im Flur herum, während meine Tochter mit dem Bobbycar durch die Wohnung düst.

»Sau Mama!«

Ja, ich schaue ja. Aber ich bin auch irgendwie eine Sau. Ich schwitze wie ein Schwein, ich glänze wie eine Speckschwarte und ich fühle mich hochgezüchtet wie kurz vor der Schlachtung.

Als ich heute so auf dem Boden sitze, denke ich an eine Szene vor einigen Jahren. Eine Freundin von mir hatte damals eine vierjährige Tochter, und wir waren zusammen unterwegs – im Biergarten. Die Tochter war gut drauf und spielte im Sandkasten, weswegen meine Freundin überlegte, den letzten Bus sausen zu lassen und stattdessen später ein Taxi zu bestellen. Ich fand die Idee gut und sagte gerade: »Ja, so machen wir das! Dann können wir noch etwas ratschen«, als meine Freundin mich plötzlich aus toten Augen anschaute und meinte: »Ach nee. Ich fahre mit dem Bus. Weißt du, bevor ich meiner Tochter jetzt wieder zwei Stunden lang erkläre, was ein Taxi ist, gehen wir geduldsmäßig lieber auf Nummer sicher.«

Das war damals das Komischste, was ich je gehört hatte. Tagelang dachte ich über das nach, was meine Freundin gesagt hatte, aber erst jetzt – als einzige Ansprechpartnerin einer Eineinhalbjährigen – verstehe ich es im Ansatz. In manchen Momenten sagt meine Tochter so oft »Mama«, dass ich das Gefühl ganz heftig unterdrücken muss, sie aus dem Nichts anzuschreien   weil ich einfach nicht so viel Geduld haben kann. Und weil niemand so oft »Mama« hintereinander sagen kann. Außerdem habe ich auch null Lust, noch irgendwas mit ihr zu unternehmen, weil ihre allerliebste Lieblingsfrage momentan »Numna?« ist. Und das heißt übersetzt: »Warum denn?« Warum legst du denn den Schuh in das Regal? Warum ist das Regal für Schuhe da? Warum haben wir so viele Schuhe? Warum mögen wir Ordnung? Warum ist Ordnung das halbe Leben? Und so weiter. Hätte ich das gewusst, wäre ich zu irgendeiner anderen Phase meiner Tochter noch mal schwanger geworden, weil man aus der Menge an »Numna?« und »Mama« ein einwandfreies Trinkspiel hätte machen können.

Ich überlege, was ich eigentlich momentan über meine Tochter weiß. Neulich habe ich die Erzieherin gefragt, ob sie musikalisch ist. Und als Antwort kam: »Joa, manchmal wackelt sie im Takt, wenn sie gerade nicht schreit oder versucht, Spielzeug auf andere zu werfen.« Ich sehe sie ja auch kaum. Unter der Woche geht sie um sieben ins Bett und steht um sechs Uhr auf. Am meisten Kontakt habe ich zu ihr, wenn ich wie eine gestrandete Seekuh in diesem Flur rumschwitze. Und am Wochenende ist sie natürlich viel beim Papa, weil ich mich dann mal ausruhen muss. Wer ist dieses Wesen? Wenn ich meine Tochter schon nicht kenne, warum bekomme ich denn jetzt noch ein Kind? Es ergibt alles keinen Sinn.

Nach dem kurzen Abendbrot, das meistens nur aus einer Gurke für uns beide besteht, lege ich mich als Einschlafbegleitung zu meiner Tochter. Und schlafe ein. Ich wache erst wieder auf, als die StudentInnen im Haus gegenüber mitten in der Nacht lautstark irgendwelche Ballermann-Lieder rausposaunen. Ich kenne die Songs nicht, aber »Zehn nackte Friseusen« war eine Art gesungenes Gedicht dagegen. Die Lieder, die die Studenten in die kochend heiße Nacht rausballern, bestehen aus sehr vielen »Döp«-, »Möp«- und »Dep«-Lauten.

Plötzlich raschelt es neben mir. Und ich sehe die weit aufgerissenen Augen meiner Tochter im Halbdunkeln weiß leuchten.

»Dinke!«

Sie hat Durst. Kein Wunder. Ich auch. Ich hole uns beiden etwas zu trinken, und wir wälzen uns ein wenig. Wahnsinn, wie ich vorher einfach so einschlafen konnte – es ist doch sogar jetzt noch viel zu warm. Mit meinen angeschwollenen Füßen kann man ganze Dörfer im sibirischen Winter heizen. Mein Hass auf die StudentInnen vom Nebenhaus steigt flammend in mir hoch. Was mich am meisten aufregt, ist, dass ich nie eine Nachbarin werden wollte, die sich wegen Lautstärke beschwert. »So laut!« Aha, meine Tochter stört es auch. Es reicht. Ich wuchte mich nach oben und schreie aus dem Fenster um Ruhe.

Die Antwort der StudentInnen: »Halt's Maul!«

Wobei ich nicht hundertprozentig sicher bin, ob damit ich gemeint bin oder der »Michi«, der auf dem Balkon gegenüber häufig angebrüllt wird.

Ich versuche noch mal, mich zu wälzen und das Ganze zu ignorieren, aber es klappt nicht. Meine Tochter legt ihre Hände auf meine Schulter und richtet sich neben mir auf.

»Spiele!«

Nein, nicht jetzt! Ich, in Unterhose und Shirt, nehme sie, in Windel und Shirt, und gehe mit ihr ins Nachbarhaus. Auf dem Hof hat es 4000 Grad, nur in den Treppenhäusern ist es weiterhin sehr kühl.

Ich keuche wie eine Dampflok bis in den vierten Stock des Nachbarhauses und sehe, dass praktischerweise die Wohnungstür offen ist, weil anscheinend alle Parteien des Hauses gerade in der Wohnung ganz oben feiern. Wir gehen hinein – und absolut niemand nimmt von uns Notiz, obwohl meine Tochter auf meinem Arm freundlich winkt und »Hallo« sagt.

Ich finde das Zimmer mit dem Balkon, entdecke die USB-Box auf dem Wohnzimmertisch und drücke auf den »Aus«-Knopf. Gefühlte 380 Augenpaare schauen mich, meine Schwangerschaftsplauze und meine Cellulite im knappen Slip an – und natürlich meine süße Tochter, die immer noch winkt.

»Alter, haben sie euch ins Hirn geschissen?«, sage ich aufgebracht.

»Hau ab!« Ein vollkommen besoffener Typ wankt vom Balkon herein.

»Ich hau gleich wieder ab. Und weißt du, warum? Weil ich morgen um sechs aufstehen, schwanger zehn Stunden arbeiten und pendeln muss – und dafür darf ich mich noch überall scheiße anreden lassen. Dazu ist mein ganzer Körper geschwollen, und ich seh meine Tochter nie. Und du postpubertärer Volldepp beschallst mit deiner Malle-Mucke die gesamte Nachbarschaft, weil dir dein Papa das Geld für dein Maschinenbaustudium in den Hintern bläst! Ihr Vollidioten ... Und Idiotinnen!«, füge ich nach einer kurzen Pause hinzu, damit sich die Girls im Eck auch mit gemeint fühlen. Dann drehe ich mich um – meine Tochter winkt immer noch, aber etwas zögerlicher – und will gehen.

»Ich werde Physiotherapeutin, soll ich Ihnen ein wenig die Lymphe massieren?«, piepst eine zarte Stimme aus dem Eck. Es ist ein dunkelhaariges Mädchen mit großen braunen Augen und einem Sektglas in der Hand. Mir schießen die Tränen in die Augen.

»Oh, bitte!«

»Können wir die Musik dann wieder einschalten?«, wollen die Terrassen-Boys wissen.

Wir beschließen, dass das Ganze etwas leiser geht. Außerdem darf ich mir die Musik aussuchen. Drei Studentinnen spielen mit meiner Tochter, und ich kriege einen Schluck kalten Aldi-O-Saft und eine Lymphdrainage zu Rap aus den Neunzigern auf der Couch. Danach haben alle Studenten eine sehr gute Idee und kommen noch zu mir in die Wohnung. Gemeinsam tragen zwei der Typen unsere Matratze in das Erdgeschoss. Einer übernimmt die Decke. In der Kühle des Eingangsbereichs schlafen wir wie die Steine.

Ich erwache mit abgeschwollenen Füßen vom leisen Schnarchen meiner Tochter und schaue in die Augen meines Nachbarn aus dem ersten Stock. Ein sehr netter Künstler mit halblangen blonden Haaren.

»Na, Eva – ich will's gar nicht wissen. Aber ich müsste mal durch. Habt ihr gut geschlafen?«

Ich lasse ihn vorbei, wecke meine Tochter und lehne die Matratze erst mal gegen die Flurwand. Die Studenten müssen mir später beim Rauftragen helfen. Ich schaue auf mein Handy: Es ist 9:30 Uhr. Mein Herz beginnt im Affekt ganz schnell zu klopfen, und mir wird gleich wieder heiß, bis ich verstehe: Es ist egal. Ich rufe in der Kita und bei der Arbeit an und melde uns krank. Danach gehe ich zu meiner Frauenärztin und erkläre ihr die schwierige Situation in der Hitze.

»Sie wissen, ich bin gegen das Berufsverbot.«

»Ja, aber wie wäre es denn mit – sagen wir mal – einer Woche hitzefrei?«

Die nächsten Tage liegen meine Tochter und ich im Park. Unter den Bäumen. Wir haben Lieder angehört, haben gemalt, sind eingeschlafen und haben Eis gekauft. Meine Tochter ist übrigens sehr musikalisch. Immer wenn jemand laut Musik spielt, winkt sie jetzt. Abends schlafen wir aber weiter im Treppenhaus. Richtig beschwert hat sich von den Nachbarn noch niemand. Eine ältere Nachbarin mit Gehhilfe hat mir sogar neulich erzählt, dass sie schon einmal um sieben Uhr morgens ganz vorsichtig über uns drüber geklettert sei. »Wissens, Frau Karl Faltermeier, das ist für mich kein Problem. Ich bin gerade mit meinem Gehstock einfach beweglicher als Sie! In Ihrem Zustand, da schafft man ja gar nichts mehr!«

Wie, Autonomie?

»Nein!«

Mir steht der Schweiß auf der Stirn. Ich stehe mitten im größten Flughafen der Welt, in Atlanta, und meine Tochter liegt auf dem Boden. Ich habe zwei Taschen umgeschnallt, einen Rucksack und einen Buggy – aber sie möchte leider nicht aufstehen. Zu allem Überfluss bin ich gerade im fünften Monat schwanger und kann sie mit dem ganzen Gepäck beim besten Willen nicht mitschleifen.

»Nein!«

Ich schwitze langsam am ganzen Körper, obwohl es in dem Flughafen dank aggressiver Klimaanlage zirka 15 Grad hat. In fünf Minuten geht unser Anschluss, und wir sind noch zwanzig Gates von unserem entfernt. Was ist nur passiert? Wie konnte die Situation so aus dem Ruder laufen? Immerhin war meine Tochter noch nie so vollkommen daneben – bisher konnte ich sie jedes Mal irgendwie beruhigen. War das der lange Flug aus München? Mein Gott, ich fliege doch auch nicht gerne, aber das ist absolut übertrieben. Vielleicht ist sie bereits jetzt Klimaaktivistin. »Ich hab doch den CO_2-Ausgleich bezahlt – und das ist garantiert unser letzter Flug. Und der zurück natürlich. Ich schwör's. Jetzt steh halt bitte auf.«

»Nein!«

Ich locke mit Gummibärchen, ich locke mit iPad-Zeit, ich locke mit dem Meer, das wir bald in San Francisco sehen werden. Und der lieben Tante, die wir besuchen. Nichts.

Was soll auch schiefgehen?, dachte ich mir noch vor der Reise. Meine Tochter war bisher so unfassbar brav, und ich war dieses Mal wirklich eine hervorragend gut gelaunte

Schwangere. Obwohl es seit Wochen mindestens 28 Grad hatte, aber egal. Ich leugnete auch kurz den Klimawandel weg, weil es mir besser ins Konzept meines Langstreckenflugs passte. Klar war das auch blöd, dass wir um drei in der Nacht aufstehen mussten, um den Flieger zu erreichen, aber das war nicht das erste Mal, dass meine Tochter um diese Uhrzeit wach war. Es war nur das erste Mal, das ich sie geweckt hatte und nicht umgekehrt. Und sicher, es war ungünstig, dass ich nicht wusste, dass Kinder unter zwei Jahren nur deswegen gratis fliegen, weil die dann zehn Stunden auf dem Schoß der Mutter sitzen müssen – und das mit Babybauch. Dass wir in der Affenhitze zwei Stunden in München auf dem Rollfeld stehen mussten, war ebenfalls nicht ideal. Aber immerhin sind wir dann nur die versprochenen zehn Stunden geflogen. Ich war genauso überrascht wie meine Tochter, dass sie im Flieger nicht auf dem Boden spielen durfte, und für das viele Anrempeln und Dinge-Runterwerfen hatte ich mich bei unserem sichtlich genervten Nebenmann mehrmals entschuldigt. Alles in allem war das jetzt kein Traumflug, aber auch kein Grund, sich da mitten im Terminal wie ein lebendiger Teppich auszulegen.

»Neeeeeeein!«

Ob ich sie wohl überfordert habe? Vielleicht ist sie überreizt? Was mache ich denn jetzt? Ich versuche, meine Tochter hochzuwuchten. Dabei fällt mir mein Rucksack über den Kopf und meine Wasserflasche drischt zu Boden. Fuck it.

»Steh halt jetzt bitte auf!«

»Nein!«

Auf alle vieren krabbelt sie von mir weg. Was ist denn das

jetzt? Eine Rückentwicklung? Ich stelle mich auf, stemme mir die Hände in meinen schmerzenden unteren Rücken und schreie: »Warum? Warum jetzt? Was machst du? Bist du des Wahnsinns?«

Da fällt mir ein, was meine Eltern in so einem Fall immer gemacht haben, und sage: »Okay, ich geh jetzt! Mami geht jetzt!«

Ich nehme den Buggy und schiebe ihn in Zeitlupe von meiner Tochter weg. Die krabbelt unbeirrt in die falsche Richtung davon. Ja, ich war ihr schlicht scheißegal.

»Ich hab dich auf die Welt gebracht! Komm sofort hier her!«

Keine Reaktion.

»Miss Eva Karl Faltermeier please proceed to gate number 35!«

Jetzt sagen die uns schon durch! Mein Oberteil ist zwar komplett schweißnass, aber unbeirrt sprinte ich spontan meiner Tochter hinterher. Ich werfe mich auf sie, zerre sie zum Buggy, schnalle sie fest, während sie schreit wie eine vollkommen Wahnsinnige, und renne zum Gate.

»Last Call for Miss Eva Karl Faltermeier …«

Noch fünf Gates – warum ist das bitte auch noch der fucking größte Flughafen der Welt? Warum? Warum? Ich winke und rufe »Heeeeeyyyyy!!!«

Das wäre eigentlich gar nicht nötig, weil meine Tochter schreit, dass ganz Atlanta und Umgebung es hören kann. Ich sehe eine Stewardess, sie zieht gerade das Band vor dem Gate zu.

»Stooooooppppp!«

Mit voller Wucht gebe ich dem Buggy auf die letzten Meter einen Schubs und lasse ihn gegen das Band fahren.

»We are heeeeere!«

Meine Tochter rast mit dem Buggy in das Band und schreit immer noch. Aber immerhin haben wir die Aufmerksamkeit der Stewardess.

»Miss Karl Faltermeier?«, fragt sie.

»Yes«, sage ich und halte meinen Bauch. Ich schnaufe wie ein Rhinozeros und schwitze wie in der Sauna – aber ich glaube, dass es gut ausschaut. Also, nicht ich. Ich schaue schon seit der dreizehnten Woche nicht mehr gut aus. Aber die scheinen uns mitzunehmen, obwohl die Stewardess etwas angewidert auf das hysterisch schreiende Kind und die vollbepackte und schwitzende Schwangere schaut, während sie sagt: »I'm so glad you finally made it! Boarding passes and passports, please!«

Ich ziehe alles aus der Bauchtasche meines Kapuzenpullis, und wir werden eingelassen.

»Neeeeeeiiiin!«

Mit diesem Wort – laut vorgetragen – begrüßt meine Tochter den gesamten Flieger. Überraschenderweise grüßt niemand zurück. Die ein oder andere amerikanische Oma sagt: »Oh, the poor little one«, als ich sie den Gang entlangzerre. Klar, dass wir in der letzten Reihe sitzen. Neben einer Oma. »Oh hi, beautiful!«

Die Oma mit ihren kurzen weißen Haaren und ihren Hippie-Ketten über einem roten Wallegewand versucht, mit meiner Tochter zu bonden, die inzwischen nicht mehr »Nein«, sondern »Waaaaa« schreit. Ich verstaue meine Taschen über uns und lasse mich in den Sitz fallen. Während meine Tochter sich sträubt, als wäre sie von einem Dämon besessen. Wo sie das nur plötzlich herhat?

»I am so sorry – she started crying all of the sudden. She

91

is normally not like that. I am so sorry!« Ich versuche, mit der Oma zu bonden.

Das gelingt mir. Sie ist sehr nett, heißt Nancy und erklärt mir, dass sie das alles versteht, weil sie auch drei Söhne hat und Kindergärtnerin war. Ach, wunderbar. Nancy und ich müssen ein wenig lauter sprechen, weil meine Tochter ja schreit und die Stewardess gerade die Sicherheitsanweisungen gibt, aber es geht. Ich sage Nancy, dass meine Tochter ein Schreikind war und seit dem vierten Monat aber eigentlich super entspannt ist. Und dass ich nicht weiß, ob sie was an den Ohren hat und deswegen im Flieger so brüllt.

»How old is she?«, forscht Nancy nach.

Als ich ihr sage, dass sie gerade achtzehn Monate alt geworden sei, erwidert sie ganz trocken: »Oh, autonomy. That's a phase, darling. Good luck with it!« Nancy tätschelt meinen Unterarm – mit dem Pathos einer Frau, die alles weiß.

Autonomy? Phase? Ich würde das jetzt gerne googeln, aber ich musste mein Handy ausschalten. Nach und nach, meine Tochter schreiend auf dem Schoß, beschleicht mich das Gefühl, dass das diese Trotzphase sein könnte, von der immer alle reden. Fängt die nicht erst irgendwann im zweiten Lebensjahr an? Ich versuche, meine Tochter zu beruhigen, biete ihr einen Schnuller an, rede ganz lieb auf sie ein und flüstere ihr ins Ohr, dass schon alle Leute böse schauen würden und ich langsam planlos sei, was ich noch machen könne. Ein zweites Kind zu bekommen, erscheint mir gerade auch irgendwie so komplett bescheuert.

Endlich. Wir sind in der Luft, alle im Flieger hassen mich, dass ich meine Tochter mit dabeihabe. Unabhängig davon muss ich dringend mal pinkeln.

»Die Mama muss aufs Klo, kommst du mit?«

»Nein!«

Okay, es reicht. Ich bin eh schon komplett nassgeschwitzt in dem klimatisierten Flieger – ich werde mich jetzt nicht auch noch einnässen.

»Can you watch her for a sec?«

Nancy stimmt zu, kurz auf sie aufzupassen. Ich denke mir nichts, denn immerhin ist sie ja vom Fach.

Unter dem Geschrei meiner Tochter und den vorwurfsvollen Blicken der Mitreisenden gehe ich aufs Klo. Als ich zurückkomme, ist etwas anders. Ich brauche einige Zeit, bis ich es kapiere, aber ja: Es herrscht Stille. Etwas zögerlich gehe ich zu meinem Platz. Meine Tochter steht vor meinem Sitz und schaut mich etwas erschöpft an.

»Wow, what happened?«

Nancy zuckt mit den Schultern. »Oh, an old trick. I just remembered it and it seems to work. I hope you don`t mind?«

Was? Was soll ich denn dagegen haben, dass meine Tochter plötzlich ruhig ist? Ich bin verwirrt und nehme sie auf meinen Schoß, und sie kuschelt sich an mich. Ich begreife gar nichts mehr. Ja, so ist sie normal. Wie hatte Nancy das nur gemacht?

»Ok, you gotta tell me this trick!«

Nancy hält mir ein kleines Fläschchen hin. Hä? Ein pinker Saft gegen Allergien?

Nancy tippt auf das Kleingedruckte auf der Flasche. »It makes them a little bit drowsy!«

Krass. Da bin ich zwei Minuten auf dem Klo, weil ich schwanger bin und es mir eh schon nonstop verkneife, so gut es geht, und in der Zeit bekommt meine Tochter ihre ersten Drogen. Amerika, Alter! Kein Wunder, dass es die Opioid-Krise gibt.

»Oh, wow!« Ich weiß gar nicht, was ich sagen soll.

»But don`t worry, my husband is a pediatrician – it's fine, if you just use it once in a while!«

Ich möchte Nancy umbringen und umarmen gleichzeitig.

»Can I have the bottle?«, höre ich mich sagen. Natürlich verurteile ich mich sofort. Dafür habe ich nicht gestillt wie eine Weltmeisterin, dass ich meiner Tochter Allergiemittel reinknalle, um in Ruhe fliegen zu können. Aber … Ich meine, wir haben noch die zwei Rückflüge vor uns, danach fliegen wir ja nie mehr wieder. Ich nehme es mal für den absoluten Notfall. Ich rede mir das hervorragend schön, während Nancy mir mit einem Nicken und Augenzwinkern die Flasche übergibt und meine Tochter langsam zu schnarchen anfängt. Anti-Allergie-Saft, da schau her! Wenn ich nicht schwanger wäre, würde ich jetzt auch einen Schluck davon nehmen.

Krankheiten

Was sind denn das für Flecken? Ich stehe hochschwanger im Pool des Biohotels, in dem wir uns mit Freunden für ein Wochenende verabredet haben. Es war eine logistische Meisterleistung, diesen Termin mit acht Erwachsenen zu arrangieren, weil wir alle so viele Kinder haben und niemand mehr für irgendetwas Zeit hat. Und außerdem sind alle ständig krank.

»Ich hatte neulich Magen-Darm, da hat's mir wirklich sämtliche Organe rausgerissen. So was hatte ich seit meinem Indien-Trip im Studium nicht mehr«, erklärt mir einer unserer Kumpel auch gerade, als ich die Flecken am Po meiner Tochter entdecke. Ihr Badeanzug war verrutscht, und als ich ihn wieder zurechtzupfen wollte: rote Flecken. Was kann das nur sein?

»Musstest du eher brechen, oder kam's unten raus?«, lenke ich ihn weiter ab – wenn der jetzt sieht, dass meine Tochter irgendwelche Pusteln hat, ist es aus mit dem schönen Wochenende.

»Beides«, antwortet er.

Spannend.

Während der Kumpel da so ausgiebig über seinen Durchfall referiert und gerade erzählt, wie sich alle Familienmitglieder die zwei Duschen und die zwei Toiletten während dieser schwierigen Erkrankung untereinander aufgeteilt hatten, beschließe ich, keinen großen Wirbel um die Flecken am Po meiner Tochter zu machen. Wird schon nichts sein. Vielleicht das Chlor. Ich finde es eh maßlos übertrieben, eklige Krankheitsdetails ständig zu teilen, als ob mich die Verdauung meiner Freunde von vor drei Wochen auch nur die Bohne interessiert.

»Können wir bitte wieder über etwas anderes reden als über Krankheiten?«, sage ich. »Seid doch lieber mal froh, dass wir alle gerade gesund sind und es in dieses wunderbare Hotel geschafft haben, oder?«

Alle pflichten mir bei. Nur der Kumpel ist etwas traurig, dass er jetzt nicht mehr fertig erzählen kann, wie er sich mit den gesamten Klamotten unter die Dusche gestellt hat. Glaubt ihm doch eh kein Mensch. Wirklich – ich hatte schon schlimme Darmerkrankungen, aber auf die Toilette habe ich es immer noch geschafft!

Als mein Mann mit meiner Tochter schwimmt, lässt es mir aber doch keine Ruhe und ich gebe auf dem Handy heimlich »Flecken auf der Haut Kinder« bei Google ein und bekomme die »Klassiker der Hautkrankheiten bei Kindern« ausgespuckt. Mmm. Masern sind das nicht, Windpocken auch nicht. Gegen die beiden Krankheiten ist sie eh geimpft. Aber Hand-Fuß-Mund-Krankheit – da hing doch was aus in der Kita. Da gibt es einen Fall in ihrer Gruppe. Aber das war ja bei meiner Tochter weder an Hand, Mund oder Fuß, sondern am Popo.

Ich beruhige mich wieder, weil ich einfach nur paranoid bin von den vielen Erkältungen und anderen kleineren Zipperlein, die meine Tochter in den letzten Monaten aus der Kita mitgebracht hatte.

Zum Abtrocknen bringe ich sie dann aber doch lieber in unser Zimmer, nicht dass noch irgendwer die roten Flecken sieht und Fragen stellt – und dann ist das langersehnte Wochenende beim Teufel. Wir sind alle gesund, und damit basta!

»Das da domisch!« Meine Tochter zeigt auf ihren Po. Aber Gott sei Dank bin ich besser ausgerüstet als jede durchschnittliche Apotheke. Bei mir wird man den Satz: »Das haben wir leider nicht da, das müssen wir bestellen« niemals hören. Ich habe alles da. In diesem Fall eine beruhigende Hautsalbe für Kinder. Zack. Meine Tochter ist zufrieden, trotzdem schaue ich ihr noch auf die Hände und die Füße und in den Mund.

Beim Abendessen sind wir wieder beim Thema Krankheiten angelangt. Und zwar – jetzt wird es für mich spannend – bei der Hand-Fuß-Mund-Krankheit. Der Kumpel mit dem Durchfall schildert seine Erfahrungen mit der Krankheit wieder so lustig, dass alle am Tisch lachen. Außer ich. Denn ich höre zu. Aus Gründen.

Ich schaue meine Tochter an. Die sitzt einen Meter weiter am Spieltisch und … äh … kratzt sich an den Händen?

»Juckt das denn auch, dieses Hand-Fuß-Mund?«, frage ich betont arglos.

»Nee, aber auch da hat's mich einfach so durchgeräumt, und ich hatte eine Woche lang Fieber – und die Bläschen im Mund waren einfach krass. Anscheinend ist das bei Erwachsenen manchmal schlimmer. Weil, der Kleine hatte es nur minimal. Bei mir ist das total eskaliert! Echt ein Wunder, dass gerade alle gesund sind.«

Ich frage ihn nach seinem Immunsystem und nach Stress, und das Ganze mündet darin, wo alle Gespräche von Erwachsenen gerne münden: in einem allgemeinen Beklagen über Ansprüche im Job und einer Bestandsaufnahme darüber, wie viel Alkohol und Fleisch alle konsumieren.

»Ich trink kaum noch«, sage ich und nehme dann – belustigt von mir selbst – einen großen Schluck von meinem alkoholfreien Märzen-Bier.

Niemandem fällt mein Scherz auf, weil alle damit beschäftigt sind, selbst zu senden, dass niemand dem anderen zuhört. Meine Tochter ist quengelig, ich schaue zu ihr rüber, sehe, dass sie sich in den Mund fasst, und beschließe, sie ins Bett zu bringen.

»Aber es ist doch noch so früh«, protestiert mein Mann.

Aber das ist mir jetzt zu heiß. Ich habe einen Verdacht,

und der bestätigt sich auch, als ich mit meiner Tochter im Hotelzimmer ankomme. Ich ziehe sie komplett aus und sehe sie überall: rote Blasen. Ich schaue in ihren Mund: rote kleine Bläschen.

»Bissi domisch!« Meine Tochter zeigt in ihren Mund, ja – das ist wirklich ein wenig komisch. Dank Google weiß ich: Wir dürfen auf gar keinen Fall die Flüssigkeit aus den Blasen auf unsere Haut bekommen, weil sonst sind wir alle verratzt.

Ich fühle ihre Stirn: Warm ist sie nicht. Aber sie hat glasige Augen. Ich lege mich mit ihr ins Bett, und als sie eingeschlafen ist, will ich sie gerade ins Reisebett legen, als mein Mann ins Zimmer kommt.

»Alles klar bei dir?«, fragt er.

»Du, die hat Hand-Fuß-Mund«, sage ich.

»Das bildest du dir jetzt ein, weil wir darüber geredet haben!«

Ich schildere ihm die Gesamtsituation, und er schaut auf ihre Hände – und glaubt es auch.

»Eva, das darf auf keinen Fall irgendjemand mitbekommen, wir haben uns doch so auf dieses Wochenende gefreut!«

»Aber ist das nicht fahrlässig? Können sich die anderen denn anstecken?«

»Mein Gott, der Michi, der Luca und die Sandra hatten das doch schon.«

»Die bringen uns um!«

»Jetzt gehen wir erst mal runter, trinken was, machen uns einen schönen Abend und schauen mal, was morgen so ist.«

Gute Idee. Bewaffnet mit dem Babyphon mit Videoüberwachung gehen wir wieder zu den anderen. Ab und zu werfen wir uns über den Tisch verschwörerische Blicke zu, wie Bonnie und Clyde. Ansonsten ist alles unauffällig.

Am nächsten Morgen erwache ich nicht nur mit einem leichten Kater, sondern habe – sehr zu meinem Ärgernis – auch noch Pusteln am Handgelenk. Schöne Scheiße.

»Ich glaub, ich hab's auch – mein Mund ist so komisch«, sagt mein Mann neben mir. Unsere Tochter steht im Reisebett und schaut zumindest im Gesicht normal aus. »Eva, wir müssen heimfahren!«

»Ich fahre doch jetzt nicht heim. Peter, wir haben für das Wochenende fast 900 Euro gezahlt, Alter! Wir haben uns da monatelang drauf gefreut und so gehofft, dass niemand krank wird. Einfach nein.«

Mein Mann schaut mich sehr lange und still an. »Eva, du machst mich wahnsinnig!« In seinem Blick ist zunehmende Verzweiflung, aber ich sehe es einfach nicht ein. Ständig schicken wir, genauso wie alle anderen, das Kind mit Fiebersaft in die Kita, um im Job nicht so oft auszufallen. Dann ziehen wir das doch wohl auch durch, wenn es um unsere Freizeit geht!

»Ich sage dir, was wir machen: Wir halten die Kleine von den anderen Erwachsenen fern. Das bedeutet, dass wir beide im Wechsel die Kinder beaufsichtigen. Unsere Tochter hat langärmlige Sachen an, der Pool ist tabu, und ich schmiere ihr über die Punkte an den Händen immer mal wieder Make-up. Und aus! Und sollte es jemand sehen, sind wir überrascht. Und du nimmst jetzt eine Ibu – dann sind die Bläschen im Mund nicht so schlimm, und ich hab's eh nur an der Hand.«

Mein Mann schüttelt den Kopf, schreit laut »Fuck« und geht in die Dusche. Ich weiß, dass er mitmachen wird, alleine schon, weil er immer so viel Hunger hat und frühstücken will.

Wenig später sitzen wir mit unserer leicht geschminkten Tochter beim Frühstück. Alles ergibt total Sinn – wir sitzen am Rand, unsere Tochter lassen wir nicht aus den Augen – und niemandem fällt was auf, vor allem, weil es gerade um das Thema nachhaltiger Sommerurlaub geht, und dazu haben alle Anwesenden eine Meinung.

Auch der restliche Tag verläuft herrlich. Meine Pusteln und ich chillen im Bademantel im Chillraum nahe der Sauna. Mein Mann betreut unsere Tochter bei ihrem Vormittagsschläfchen und informiert sich über die Fußballspiele des Nachmittags. Bei der Mittagsjause treffen wir uns alle im Speiseraum – und ich fühle es. Es beginnt als leichtes Gluckern im Darmbereich. Ich glaube zunächst an eine etwas ausgeprägtere Schwangerschaftsblähung, doch die Hoffnung währt nicht lange. Denn kurz darauf spüre ich einen stechenden Schmerz im Unterbauch; binnen Sekunden wird mir abwechselnd heiß und kalt. Ich starre meinen Mann an, der starrt aber auf sein iPhone.

»Ich muss mal dringend was im Zimmer nachschauen«, lüge ich, weil ich spüre, dass mein Schließmuskel sich vom restlichen Körper und jeglicher Contenance unabhängig erklärt hat.

Doch schon beim Aufzug ist es zu spät. Während ich darauf warte, dass das dumme Ding endlich kommt, wird es in meiner Hose warm, und ich beschließe, die Treppe zu nehmen – ist ja nur der erste Stock. Klar, die Entscheidung war nicht klug, und ich hätte sie unter anderen Umständen sicher auch noch mal überdacht, denn beim Treppensteigen verteilt sich der Inhalt meiner Hose zu allem Überfluss gleichmäßig unter meinen Klamotten. Innerlich leiste ich Abbitte bei meinem Kumpel. Warum habe ich dem gestern nur nicht geglaubt? Wir wissen doch alle, zu was Kinderkrankheiten bei Erwachsenen fähig sind. Und die kleinen Sünden, die bestraft der liebe Gott halt sofort. Wenigstens sind gerade alle bei der Jause, denke ich noch, und mir fällt der Tag ein, als bei meiner Tochter bei der Taufe ihres Cousins nach einer Woche Verstopfung die Verdauung plötzlich wieder begann und ich mit meinem beigen Spitzenkleid in der Kirche quasi ein lebendes Zeugnis einer übergelaufenen Pampers in Größe 3 war.

Mit einem Kind werden Scham- und Ekelgrenzen eh relativ. Ich merke, dass ich komisch-feuchte Fußstapser auf der Treppe hinterlasse, und freue mich, als ich endlich auf dem dunklen Teppich des ersten Stockwerks angekommen bin. Mein Bauch revoltiert. Mir ist rasend schlecht – und immer wieder spüre ich dieses schreckliche Stechen. Ist das Hand-Fuß-Mund? Oder noch ein zusätzlicher Darmvirus? Egal.

Endlich vor dem Zimmer angekommen, suche ich meine Zimmerkarte – ich habe die doch nicht unten vergessen? Nein, sie befindet sich großartigerweise in der rechten Gesäßtasche meiner Jeans. Warum auch nicht? Gott, ist das alles widerlich. Ich wische die versiffte Karte immerhin noch an meinem Pulli ab, bevor ich ins Zimmer gehe, und stelle mich – genauso wie ich bin – unter die Dusche. Was bei Babys mit übergelaufenen Windeln Sinn ergibt, kann für Erwachsene nicht so schlecht sein. Ich beschließe, meine Kleidungsstücke später am Abend zu verbrennen, während das warme Wasser über meinen Körper läuft und auch mein Darm wieder einiges zum Laufen bringt. Ganz langsam ziehe ich mich aus. Das muss das Gefühl sein, wenn man sich selbst überhaupt nicht ausstehen kann, denke ich. Und natürlich kommt mal wieder mein Mann herein. Weil er einfach ein Timing direkt aus der Hölle hat, der Gute!

»Eva, was machst du …« Er stockt, als er mich unter der Dusche sieht.

»Halt einfach dein Maul«, pruste ich unter dem Wasserschwall hervor. »Wirklich, wenn du keine Scheidung willst, sei jetzt sofort still und sprich nie wieder mit mir!«

Trotz laufender Dusche, surrender Hotelbad-Lüftung und unfassbarer Schmerzen im Unterleib bemerke ich, dass der empathielose Typ kaum mehr Luft bekommt vor Lachen. Ich hasse ihn so sehr. Warum habe ich einen Physiklehrer geheiratet? Warum? Das hätte mir klar sein müssen, dass das ein Psychopath ohne Einfühlungsvermögen ist!

»Sag mal, wo ist eigentlich die Kleine? Hast du die unten gelassen?«, frage ich.

»Ja. Julia sieht nach ihr – ich wollte nach dir schauen. Fuck …«

»Ich hab dir doch gesagt: Lass sie nicht bei den anderen …«

Ich komme mit meiner Ermahnung nicht recht weit. Es klopft an unserer Zimmertür. Durch sämtliche Geräusche hindurch höre ich Julias Stimme, verstehe aber leider nicht, was sie sagt.

Mein Mann ruft ins Bad: »Stell dir vor, Eva, Julia hat bei der Kleinen Pusteln entdeckt! Und mit deinem Make-up hat sie wohl auch gespielt!«

Ob wir abreisen? Nein. Erstens kann ich mich nicht sehr weit von Toilette und Dusche entfernen, und zweitens kann mein Mann nicht ertragen, dass er Essen bezahlt hat, auf das er keinen Zugriff mehr haben sollte. Er organisiert uns Zimmerservice, und wir machen Familien-Quarantäne bis zum Check-out am nächsten Tag. Mein Darm beruhigt sich auch, weil ich natürlich zirka fünf verschiedene Mittel gegen Durchfall dabeihabe und alle durcheinander nehme, die während einer Schwangerschaft erlaubt sind.

»Am schönsten war es eigentlich, dass es dich so zerrissen hat unter der Dusche«, resümiert mein Mann, als wir im Auto sitzen und aus dem Parkplatz des Hotels herausrollen. »Was hast du denn mit deinen Klamotten von gestern gemacht?«

»Die sind in deiner Reisetasche!«

»Eva, ich hasse dich!«

»Ich weiß, ich dich auch.«

Kindergarten

Pausenboxen und Kunst

Man muss auf Instagram als Mutter eigentlich nur ein paar Minuten in der Gegend herumscrollen – und schon findet man Bilder, die das eigene Leben komplett infrage stellen. Meine Kinder sind einfach nie so sauber, wir machen keine Reels als Familie, und ich möchte auch ihre Gesichter nicht in einem öffentlichen Account zeigen. Unsere Kinderzimmer sind keine durchdesignten Möbelhaus- oder Pinterest-Höllen, in denen auch wirklich jedes Fünkchen Kreativität des Nachwuchses unter dem extremen Stilgepräge der eigenen Mutter erstickt wird. Die Kinderzimmer meiner Kinder sind funktional und in ihrem Ordnungszustand immer irgendwo zwischen stark bespielt bis hin zu schäbig und potenziell krankheitserregend. Hinter dem Bett meiner Tochter habe ich schon alles gefunden. Altes Katzenfutter, beinahe komplett kompostierte Bananenschalen bis hin zu einer toten Maus, die wohl unsere Katze zum Dank für eine durchgekuschelte Nacht erlegt hat.

Überhaupt habe ich in den ersten Kindergartenjahren meiner Tochter keine Zeit gehabt für Dinge wie Dekoration, weil ich ja noch nebenbei ihren Bruder geboren, ein Haus renoviert und einen Umzug gemeistert habe. Es gab Momente, da waren wir einfach froh, wenn sie nur mit einem Gummistiefel in den frischen Estrich gestolpert ist und wenn wir zwischen den ganzen Diskussionen mit den

Handwerkern noch wussten, wo unsere Kinder gerade geparkt sind. Das zweite Kind ist eh auf verlorenem Posten. Während ich über die Erlebnisse mit dem ersten Kind ein Buch schreibe, habe ich das zweite quasi schnell zwischen Baugenehmigungsverfahren und Termin bei der Bank geboren. Mein Sohn hatte volle fünf Tage keinen Namen, weil uns das auch gerade nicht so wichtig war. Und auf seinen ersten von seiner Schwester geerbten Stramplern prangte eh der sorgsam eingestickte Name »Vroni«. Daher nannten wir ihn erst mal Vroni 2.

Klar wurde das alles irgendwann wieder koordinierter, als wir im neuen Haus waren.

Natürlich habe ich auch einmal Wimpel aufgehängt oder Lichterketten. Ich habe versucht, den Spielzeugbestand meiner Kinder zu minimieren, Bücher ansprechend zu dekorieren und Legosteine nach Farben zu sortieren. Aber alleine eine Stunde intensives Spiel meiner Kinder reicht, um aus Marie Kondos Wohnung eine RTLZWEI-Messie-Bude zu machen. Weil sie eben tatsächlich spielen und ich wirklich arbeite und wir so – jeder für sich – entschieden haben, mit einem gewissen Grundchaos zu leben. Und es kommt ja auch nie etwas nach außen, weil wir ja Gott sei Dank Wände haben und nicht in einem für alle einzusehenden Glashaus wohnen.

Wir haben uns damit abgefunden, dass wir auch mit dem renovierten Teil unseres neuen alten Hauses nicht bei der Instagram Interior Challenge mitmachen können, weil niemand die Zeit und die Nerven dazu hat, alles so zu drapieren, dass die Bude gleichzeitig bewohnt und stylish aussieht. Ich meine: Wer macht so was?

Und so habe ich mir auch nie Gedanken gemacht, wenn

meine Tochter als veritable Kopie von Luna Lovegood, verkleidet mit mehreren verschieden langen und farbigen Socken an ihren Beinen und einem Outfit mit mindestens vier unterschiedlichen Mustern, in den Kindergarten geht. Sie darf tragen, was sie will, sie kann sich ausleben und sein, wer sie sein möchte. Und ich denke selbst ja immer noch mit Schrecken an diverse Klamotten zurück, in die mich meine Mutter früher so hineingelabert hat. Steghosen zum Beispiel jagen mir bis heute einen kalten Schauer über den Rücken, weil mich zwei Prinzessinnen eines Oberpfälzer Adelsgeschlechts – ich nenne es mal Grafen von der Post – wegen einer Steghose als Kind mal ordentlich verarscht haben. Ich konnte schon immer gut hören, was andere Menschen so über mich reden, obwohl es vielleicht einen Grundgeräuschpegel in der Umgebung gibt und jemand anderes lauter mit mir spricht. Und so war es auch im Schloss der Grafen.

Ich war zu Besuch bei dem Sohn der Grafen von der Post, ich nenne ihn hier mal Arthur, der mit mir in die Grundschulklasse ging und einer meiner besten Freunde war. Wir waren auf dem Weg zum Mittagessen im Speisesaal des Schlosses, und Arthur erzählte mir gerade irgendetwas. Seine beiden Schwestern hatten sich währenddessen kichernd zwei Schritte hinter mir über meine Steghose lustig gemacht. Die Steghose, die ich genau deshalb getragen hatte, weil meine Eltern nur ein Gehalt zur Verfügung hatten, Schulden mit zwölfprozentigen Zinsen und drei Kindern. Und klar – der Gummi der Steghose unter meinen Füßen war schon brutal gespannt, weil mir die Hose bereits etwas zu kurz war. Aber scheinbar hatten meine Eltern weder Zeit noch Geld gehabt, mir eine neue zu kaufen. Und sie waren vermutlich froh, dass ich in die Steghose vom letzten Jahr noch hineinpasste.

»O Gott, Steghosen, das trägt doch niemand mehr«, lachte Erika von der Post.

In meinem Magen klumpte sich ein Schmerz aus Scham und Ärger zusammen. Wie peinlich. Noch heute kommt in mir eine Art Wut und Klassenkampf hoch, wenn ich an die spitzzüngigen Aussagen einer jungen und oberflächlichen Adeligen denke. Immer noch kann ich keinen Artikel in *Bunte* oder *Gala* über Erika von der Post lesen, weil ich sofort diesen schmerzenden Klumpen in meinem Bauch spüre. Diese Scham für meine Herkunft. Diesen gleichzeitigen Trotz gegen diese reich geborene Lästertante. Gelöst hatte sich das Ganze erst, als ich Erika von der Post mal ein paar Monate später – aus purem Versehen – erzählte, was sie zum Geburtstag bekommt. Nämlich ein Hängebauchschwein. Ich wusste es von Arthur, und alle waren danach stark sauer auf mich. Das nagte schon ein wenig an mir, aber irgendwie war da auch eine Genugtuung, weil eben auch ich als Dorfkind einer leicht arroganten Adligen eine Watschen versetzen konnte. Ganz ohne körperliche Gewalt. Und unabsichtlich.

Inzwischen ist Erika von der Post eine Modejournalistin oder so etwas. Das hat mich natürlich nie gewundert, weil sie ja zu Klamotten seit jeher eine Meinung zu haben schien. Und ich schicke meine Tochter genau so in den Kindergarten, wie sie sich wohlfühlt: also meistens bunt.

Umso erstaunlicher war es dann schließlich, als meine Tochter immer öfter gesagt hat, dass sie im Kindergarten von den anderen Kindern verarscht wird. Und als sie an einem Nachmittag wieder komplett kleinlaut bei mir im

Auto sitzt, als ich sie abhole, frage ich nochmals sehr deutlich nach:

»Wer verarscht dich denn genau jetzt? Und warum?«

»Ja, alle, und dauernd.«

»Aber wegen was denn? Wegen deiner Klamotten? Erzähl doch mal ein Beispiel!«

Kryptisch wie eine Vierjährige eben berichtet, erzählt mir meine Tochter, dass es hauptsächlich um ihre Brotzeit geht, die sie in der Früh mitbringt. Alle hätten immer so bunt gefüllte Brotdosen dabei, und sie bekomme von mir nur »so einen scheiß Joghurt« mit.

»Aber du liebst doch Joghurt!«, versuche ich, die Sache genauer zu ergründen.

»Aber wenn alle lachen, dann mag ich den Joghurt nicht mehr.«

Aha.

Urplötzlich muss ich an meine Steghose mit dem Hahnentrittmuster denken, mit der ich im gräflichen Schloss derer von der Post von einer späteren *Vogue*-Journalistin ausgelacht wurde. Ich mochte diese Hose damals nämlich. Zu ihr trug ich – es waren die frühen Neunziger – einen roten Oversize-Pulli, auf dem ein Berner Sennenhund abgebildet war. Die Steghose war bequem, und da ich immer schon sehr dünn war, war es auch von Vorteil, dass sie ein wenig auftrug. Kaum denke ich daran, kriecht in mir wieder die Scham von einst hoch, und ich kann das Scheiß-Joghurt-Gefühl meiner Tochter zu hundert Prozent nachempfinden. Man mag etwas und schämt sich gleichzeitig, es zu mögen.

Ich hatte das alles damals komplett an meinen Eltern vorbei gelöst und ihnen nie von der Scham, der Steghose und dem Hängebauchschwein erzählt. Aber ich war auch schon ein Schulkind und zirka neun Jahre alt, als das alles passierte. Meine Tochter ist jedoch erst zarte vier, und noch dazu kracht es in der Ehe ihrer Eltern gerade gehörig – ich will partout nicht, dass sie sich jeden Tag schämen muss. Wer einmal selbst diesen Knoten aus Scham und Wut im Bauch hatte, der möchte das seinen Kindern um alles in der Welt ersparen.

Am nächsten Tag gebe ich ihr ein Nusshörnchen vom Vortag und ein paar Apfelstücke mit – und bin gespannt.

»Und? Wie war die Brotzeit?«, frage ich, als ich sie abhole.

Meine Tochter fängt an zu weinen. Warum ich ihr denn eine Süßigkeit mitgegeben hätte. Die Erzieherin habe geschimpft, weil das ja nicht erlaubt sei.

Verdammt, das Nusshörnchen. Ich entschuldige mich bei meiner Tochter und verspreche ihr hoch und heilig, mir für den nächsten Tag was einfallen zu lassen.

Ich fahre extra zum Einkaufen, nur um die Brotdose meiner Tochter mit einer Mandarine, Paprikastreifen und einem Vollkornbrot mit Frischkäse zu füllen. Doch auch das war ein Fail. Mandarinen mag meine Tochter nicht, Paprika zwar schon, aber das Vollkornbrot war ebenso nicht ihr Fall.

Abends telefoniere ich, vollkommen genervt von der Brotzeit-Situation im Kindergarten, mit meiner Freundin Steffi.

»Ich hole mir die Ideen für die Brotdosen immer auf Instagram«, erklärt sie mir, und ich ahne schon, auf was das hinausläuft: die Pausenbox als verlängerter Arm der Instagram Interior Challenge. Schau, wie schön wir wohnen. Schau, wie schön wir sind. Schau, wie schön wir essen!

Aber ich möchte einfach nicht, dass sich meine Tochter so schämen muss. Dann eben eine Interior Challenge für die Pausenbox!

Ich werfe also einen Blick auf die Brotdosen auf Instagram. Ich sterbe zwar innerlich einen beinharten Tod der absoluten Ablehnung dieser heilen Scheinwelt, aber ich beschließe, mein Bestes zu geben. Zwei Stunden lang studiere ich die Welt der Pausenboxen. Da waren einerseits alleine die Boxen, die ansprechend gestaltet waren. Hübsche, stylishe Blechboxen, auf denen moderne Namen wie Greta standen.

Ich schaue in meine Schublade mit kleinen Boxen: Ausgebleichte Tupperboxen die ich nach und nach meiner Mama geklaut hatte, blicken mich erwartungsfroh an. Ich nehme eine heraus, die ich immerhin erst vor Kurzem geklaut hatte. Quasi die neueste Errungenschaft unserer kleptomanischen Tupper-Sammlung.

Was könnte ich da jetzt reinlegen? Nach und nach räume ich alles aus dem Kühlschrank aus, was auch nur im Entferntesten als Pause für eine Vierjährige infrage kommt: nämlich Gurken.

Mehr fällt mir nicht ein. Vielleicht könnte ich aus dem Toastbrot noch ein Bärchen ausstechen? Aber mit welchem Ausstecher? Ich wühle in meiner Schublade und finde nur einen Tannenbaumausstecher von den Weihnachtsplätzchen. Dann halt den! Das Toastbrot schimmelt leider, und sonst haben wir nur Knäckebrot. Ich wühle mich wieder durch den Kühlschrank und steche den Tannenbaum aus einer Lyoner aus, die meine Mama in unserem Kühlschrank vergessen hat, weil sie immer zum Metzger im Nachbarort geht, wenn sie uns besucht.

Also, ich habe: eine Gurke in Stückchen und einen Tannenbaum aus einer Lyoner. Ich überlege, was sonst noch erlaubt ist. Quetschies, Müsliriegel und Babybel machen zu viel Müll, da werde ich wieder geschimpft. Ich bin ein wenig stolz, dass mir das überhaupt einfällt, weil mir diese Regeln eigentlich komplett egal sind. Ich gerate in eine Art Flow-Erlebnis und wühle mich durch meine Vorräte. Was isst meine Tochter noch gerne? Na klar: trockene Nudeln. Ich lege vier ungekochte Spirelli zu den Gurkenstücken und dem Wurst-Tannenbaum. Aber irgendwie sieht das noch nicht so schön aus wie auf Instagram. Vielleicht ein paar Weintrauben? Perfekt! Ich schaue zufrieden in meine Box, und mich durchfährt das warme Gefühl, eine sehr gute Mutter zu sein.

Am nächsten Tag hole ich erwartungsvoll beschwingt meine Tochter ab. Schon im Flur begegnet mir eine Erzieherin mit sehr ernstem Blick, aber da es die aus der Nachbargruppe ist, denke ich nicht weiter darüber nach. An der Tür zur Rehgruppe meiner Tochter bemerke ich, dass die Stimmung im Raum seltsam ist.

»Frau Karl Faltermeier, ist Ihr Handy kaputt?«

»Warum?«, frage ich.

»Wir haben den ganzen Vormittag versucht, Sie zu erreichen!«

»Oh, das liegt wohl irgendwo daheim. Was ist denn los? Wo ist denn die Kleine?«

Schweigsam deutet mir die Erzieherin an, mit ihr ins Nebenzimmer zu gehen. Es herrscht eine Betroffenheit, als hätte der Bundeskanzler bei einer Rede vor dem Bundestag plötzlich aufs Rednerpult gebrochen. Ich verstehe überhaupt nichts mehr. Im Nebenzimmer liegt meine Tochter mit sehr unglücklichem Gesicht auf einer Matratze.

»Um Gottes willen, was ist denn los?« Ich stürme zu ihr hin und nehme sie in den Arm. Meine Tochter schmiegt sich an mich.

Die Erzieherin hockt sich mir gegenüber, weiterhin sehr ernst.

»Frau Karl Faltermeier, wir müssen über die Brotzeit von heute sprechen! Sie können doch der Veronika nicht ganze Weintrauben mitgeben! Ganze Weintrauben!« Sie schreit fast.

»Was ist denn damit?«, frage ich. Meine Tochter fängt in meinem Arm bitterlich zu weinen an.

»Das steht doch alles im Willkommensheft! Weintrauben müssen in der Mitte geteilt werden. Kinder bekommen die in die Luftröhre und ersticken. Wir hätten die Vroni heute fast verloren!«

»Was?« Meine Tochter wischt ihren Rotz an meinem Pulli-Ärmel ab.

Die Erzieherin erzählt, während meine Tochter sich immer weiter in meinen Pulli vergräbt, dass mein kleines liebes Mädchen heute fast Opfer meiner niederträchtigen Brotzeit geworden wäre. Nur ein sehr mutiger Griff einer Kollegin, die der Vroni von hinten beherzt mit beiden Armen um die Brust gefasst und sie ruckartig hochgehoben hatte, hätte die Weintraube aus ihrem Hals befördert. Danach konnte mich niemand erreichen. »Aber wenigstens sind Sie jetzt da!«

Was soll denn das? Ich bin ja wohl immer da zum Abholen! Warum sagt die das denn so, als wäre ich ein Fall fürs Jugendamt, der nie an sein Kind denkt? Ich denke dauernd an mein Kind, das hat uns ja erst in diese Brotzeit-Misere gebracht!

»O Gott, das ist ja alles total schrecklich! Das tut mir so leid, Maus!«

Meine Tochter wischt sich nun ihr ganzes Gesicht an meinem Pullover ab und schaut mich aus roten Augen an. »Mama, meine Pause passt einfach nie. Die ist scheiße!«

Die Erzieherin atmet laut hörbar aus. Vermutlich, weil eine Vierjährige im Kindergarten nicht fluchen darf.

»Aber ich gebe mir doch solche Mühe, was um Himmels willen soll ich dir denn in Zukunft für die gschissene Brotzeit mitgeben, Himmelherrgott?«

Die Erzieherin atmet wieder laut aus und tippt sich mit der Handfläche mehrmals gegen die Stirn. Ich will meine unpassenden Aussagen noch korrigieren, doch alles, was mir einfällt, ist leider nur ein fatalistisches: »Ach, fuck!«

Die Erzieherin hebt beide Hände, um zu einer beschwichtigenden Rede anzusetzen, als meine Tochter hinterherschiebt: »Ich hasse diese scheiß Brotzeit jeden Tag. Im alten Kindergarten haben wir alle das Gleiche bekommen. Aber in dem Scheißhaus is alles anders.«

Die Erzieherin senkt ihre Hände, steht auf und sagt mit einem resignierenden Ton: »Wenn Sie rausgehen, habe ich noch einen Infozettel für Sie zu den Schließtagen an Ostern!«

»Und was willst du in Zukunft in den Kindergarten als Brotzeit mitnehmen? Was ist denn erlaubt, macht wenig Müll, ist gesund, nicht lebensgefährlich und schmeckt dir?«, frage ich.

»Der blöde Joghurt«, sagt meine Tochter und zuckt mit den Schultern.

Und jetzt gibt es wieder den Joghurt aus dem Glas. Ein Glas reicht fünf Tage. Verarscht wird meine Tochter aber nicht mehr. Immerhin hat sie einen Terroranschlag ihrer wüst schimpfenden Mutter überlebt. Und seitdem haben die anderen Kinder vor ihr und ihrer Brotzeit höchsten Respekt.

Ich habe den einen Zettel verloren

Meine Kinder sind beide sehr kreativ. Egal ob aus Krippe oder Kindergarten – ich bringe aus beiden Institutionen immer mehr Zettel mit nach Hause als von einem Treffen mit meinem Steuerberater. Zu den künstlerischen Ergüssen meiner Kinder kommen natürlich noch die Erinnerungen des Elternbeirats der Kita an das Abschiedsgeschenk für eine Erzieherin und der Zettel wegen des Sommerbasars aus dem Kiga. Dann gibt es die Freundebücher, die Geldeinsammelzettel, die längeren Briefe des Kultusministeriums zur Pandemie und, wenn man viel Glück hat, eine Erinnerung an irgendetwas, das man vergessen hat als Mama. Manchmal, ganz selten, kriege ich zudem Gedichte, Lieder, Bastelanleitungen oder Rezepte. Das ist alles sehr reizend. Ich freue mich beim Abholen auch jedes Mal. Und gehe dann mit den Zetteln ins Auto. Und lege sie auf den Beifahrersitz. Und da bleiben sie.

Nicht weil ich eine generelle Verweigerungshaltung gegenüber Zetteln habe, sondern weil ich wieder geistig woanders bin und sie eben liegen bleiben. Lediglich die Freundesbücher schaffen den Weg ins Haus, weil meine Kinder sich an die erinnern können. So wächst dann nach und nach auf meinem Beifahrersitz ein kleines Hochhaus aus Papier, das sich sukzessive im Fußraum verteilt, wenn mal stark gebremst wird.

Manchmal passiert es, dass Menschen mit mir mitfahren, die bekannt dafür sind, dass sie sehr gerne Ordnung halten. Auf diesen Fall bereite ich mein Auto immer so vor, dass ich den Stapel Blätter von meinem Beifahrersitz nehme, die restlichen Fetzen im Fußraum aufsammle und alles zusammen hinten zum Reserverad schmeiße, weil man da prima einen Deckel draufhauen kann, auf das Rad und die Zettel.

Diese Methode war eine hervorragende. Erstens waren die Zettel unkompliziert weg und zweitens konnte ich bei Bedarf immer mal wieder darin wühlen, wenn es um irgendwas Wichtiges ging. Dass es etwas Wichtiges gibt, erfahre ich immer beim Abholen der Kinder, wenn ich von der Erzieherin inständig gebeten werde, doch an die fünf Euro für den Elternbeirat zu denken. So eine mündliche Erinnerung reicht mir auch, denn dann habe ich alles am nächsten Tag dabei. Letzten Endes würde es mir reichen, wenn man es mir nur mündlich sagen würde, statt mir einen Zettel zu geben, weil ich scheinbar gehörte Aufforderungen schneller erfülle als gelesene.

Eines Abends, ich war gerade auf dem Heimweg von einem Essen mit Freundinnen in der Stadt, macht es einen enormen Schlag unter meinem Auto, und ich merke, dass irgendetwas zu rumpeln beginnt. Schnell lenke ich in Richtung Standstreifen der Bundesstraße, steige mit klopfendem Herzen aus – und ja: Mein rechter Hinterreifen ist zerfetzt. Um Gottes willen, Gott sei Dank bin ich gerade gemütlich gefahren – ich will überhaupt nicht wissen, was da auf der Autobahn passiert wäre.

Ich schaue mich um. Um mich herum ist es düster, und im Wald neben der Bundesstraße raschelt es. Wenn jetzt noch eine Herde Wildschweine kommt, dann raste ich aus. Ich setze mich ins Auto und verriegle es von innen. Meine Finger zittern, als ich die Nummer meines Kumpels Martin wähle. Er ist der Einzige, den ich kenne, der eigentlich in jedem verdammten Notfall weiß, was zu tun ist. Außerdem ist er fast zwei Meter groß und kräftig gebaut und stellt genau das Schutzsystem dar, das ich auf einer Bundesstraße in der Oberpfalz um 23:30 Uhr haben will.

Ich habe Glück: Martin geht ans Telefon, hat Zeit und weiß natürlich auch, was zu tun ist. Dreißig sehr lange und einsame Minuten später ist er bei mir. Ich höre derzeit einen Podcast und zittere immer noch vor Aufregung.

»Eva, Himmelherrgott, du musst doch ein Warndreieck aufstellen, wenn du da mitten auf der Standspur im Niemandsland im Finstern stehst!«

»Die Begrüßung hab ich mir anders vorgestellt, Martin!«

Martin steht vor mir wie ein dunkelhaariger Riese und stemmt seine brachialen Arme genervt in seine Hüften. Er trägt eine Warnweste und mustert mich: »Eva, wo ist deine Warnweste?«

»Äh – keine Ahnung!«

Martin beginnt vollkommen entnervt, mein ganzes Auto zu durchsuchen, nur um dann zu schreien: »Alter, Eva! Du hast kein Warndreieck, keine Warnweste und kein Reserverad – was ist los mit dir? Die Warnweste musst du sogar im Innenraum mitführen – stell dir mal vor, jetzt kommt die

Polizei vorbei. Was ist denn los, Eva, so was gibt es für 15 Euro bei Amazon?«

Ich bin jetzt beleidigt, immerhin ist es ja auch eine Ehre, wenn man mein erster Anruf in so einer misslichen Situation ist. Aus sehr starker Wut fange ich an zu weinen und schreie Martin an: »Ich wusste das nicht mit den blöden Warnwesten, dann hol halt deine zweite, außerdem hab ich ein Reserverad, und du weißt haargenau, dass ich Amazon boykottiere, du Depp!«

Jetzt tut es Martin leid, das sehe ich genau. Er sagt: »Ja, ist ja eigentlich kein Stress. Ich hole schnell alles aus meinem Auto.«

»Tut mir leid, Martin. Ich hab einfach so Angst gehabt.«

»Passt schon.«

Ich ziehe die Warnweste an, die Martin mir hinhält. Er stellt das Warndreieck auf, und es beginnt leicht zu tröpfeln, als er zurück zum Auto kommt.

»Also, jetzt muss es schnell gehen, weil es gleich regnet. Wo ist jetzt das Reserverad?«, fragt er.

»Im Kofferraum. Unten drin!«

»Nein, da sind nur Papiere!«

Ach, verdammt, die Zettelablage! »Nein, das ist da drin! Moment!«

Ich lasse Martin die Klappe zum Reserverad halten, während ich alle Zettel und Gemälde des letzten Kindergarten- und Kitajahrs aus dem Reserveradbehältnis heraussammle.

»Oida, Eva – du bist so eine Chaosbraut!«

»Sei ruhig, jetzt!«

Es regnet immer stärker, und ich versuche, alle Zettel von hinten in den Innenraum des Autos zu stopfen, damit sie nicht nass werden. Leider ist vorne meine Fahrertür noch offen, und es entsteht ein ungünstiger Zug. Alle Zettel fliegen zurück und in unsere Gesichter, bevor sie in die Nacht segeln oder vom Regen beschwert zu Boden gedrückt werden.

»Neeeeeein! Um Gottes willen!«, schreie ich.

»Ist doch gerade unwichtig, schmeiß das doch weg, das Glump! Was ist das denn eigentlich? Deine Steuererklärung?«

»Das sind wichtige Erinnerungsstücke!«

Martin greift nach dem Reserverad. »Eva, welcher Volldepp lagert denn seine wichtigen Erinnerungspapiere beim Reserverad?«

»Das ist eine lange Geschichte!«

Die lange Geschichte ist Martin aber egal. Er versucht mit allerlei Werkzeug, das er aus seinem Mercedes-Bus zaubert, mein Rad zu wechseln – und schau an: Es klappt.

Traurig stehe ich unter der geöffneten Kofferraumklappe als Regenschutz und sehe mir die vielen Gemälde meiner Kinder an, wie sie da zwischen Elternzetteln pitschnass rund um mein Auto liegen. Nur eine Handvoll ist im Kofferraum gelandet.

Als der Reifen gewechselt ist, lehnt sich Martin neben mich. Mit dem Feuerzeug öffnet er ein alkoholfreies Bier und gibt es mir.

»Wo hast du denn das jetzt her?«, frage ich.

»Ich hab alles dabei!«

»Ja, und ich bin der Automessie, nur wegen ein paar Papieren. So ein Mist, das waren die Gemälde meiner Kinder!«

Martin schaut mich an: »Warum hast du denn die im Auto? Ach, weißt was? Ich will es gar nicht wissen. Jetzt trinken wir das aus, du verabschiedest dich innerlich von den

Gemälden, und ab morgen lagerst die Werke von den Zweien halt woanders!«

Es ist überflüssig zu sagen, dass meine Tochter zwei Tage später die Einzige im Kindergarten ist, die normal angezogen am Schlafanzugtag erscheint.

»Das stand doch alles auf dem einen Zettel«, sagt die Erzieherin.

Ich nicke. »Den Zettel habe ich leider auf der Bundesstraße verloren.«

Die Erzieherin schaut mich entnervt an, als hätte ich ihr gesagt, dass der Hund meine Hausaufgaben gefressen hat.

»Das stimmt«, ergänzt meine Tochter. Aber anscheinend ist das auch schon gleichgültig.

In meinem Fach für die Elternpost steckt ein neuer Zettel. Ich versuche, ihn zu lesen, aber schon nach der Begrüßung, »Liebe Eltern ...«, interessiert er mich nicht mehr, und ich stecke ihn gefaltet in die hintere Hosentasche meiner Jeans.

»Frau Karl Faltermeier, der Zettel wäre aber wichtig«, ermahnt mich die Erzieherin.

»Warum, um was geht es denn?«, will ich wissen.

»Wir stellen die Elternpost auf E-Mail um.«

»Oh Gott, das ist ja perfekt – wo muss ich mich eintragen?«

Natürlich lese ich die Mails dann später auch nicht. Aber für den Moment erscheint es wie die beste Lösung seit Langem.

Für die Gemälde meiner Kinder habe ich jetzt zwei Mappen in Kita und Kiga hinterlegt, da kann ich alles sammeln.

Nur eine Sache hoffe ich wirklich sehr: dass ihnen diese Lücke in ihrem künstlerischen Werk zwischen 2018 und 2019 niemals auffällt.

Elternbeirat? Aber warum?

Meine Mama war immer eine sehr direkte Frau. Niemals hat sie einen Hehl aus etwas gemacht. Bei uns kam alles immer sofort auf den Essenstisch, wurde da besprochen. Beim Abspülen haben wir alle gestritten, und beim Kaffee danach war es dann vorbei. Wenn meine Mama mit ihrer Art Deutschland regiert hätte, hätte das Land zwar eine laute Pubertät gehabt, aber ansonsten wären wir inzwischen klimaneutral, friedlich und würden ab und zu mal in Therapie gehen. So das ganze Land. Aber wer macht das nicht? In Argentinien und in New York, da ist Therapie ganz normal, sagt man. Das ist ja auch gut für jeden!

Meine Mama hat daher schon, als ich noch im Kindergarten war, sehr deutlich gemacht, was sie von Eltern hielt, die sich im Elternbeirat engagierten. »Das war mir so klar, dass der alte Dampfplauderer wieder in den Elternbeirat muss. Da könnte ich durchdrehen, wenn der auch nur einen Satz sagt!« Okay, wenn ich so drüber nachdenke, ist es eventuell doch ganz gut, dass meine Mama nie ein Land regiert hat. Aber egal. Zurück zum Elternbeirat.

Meine Mama umriss uns daheim beim Butterbrot, welche Eltern aus welchem Grund beim Elternbeirat waren. Von der Profilneurose bis zum Wichtigtuer, zu den Eltern von Einzelkindern oder weil die Eltern eben selbst Pädagogen waren – die Gründe für den Beitritt zum Elternbeirat ließen sich ewig analysieren und boten uns als Familie sehr früh schon ein großes Unterhaltungspotenzial. Wir wetteten vor Elternabenden, wer denn gewählt werden würde, wir lachten Leute aus, die sich bei der Wahl nicht entschieden genug gewehrt hatten. Und wir lachten noch mehr, wenn jemand tatsächlich so dringend Elternbeiratsvorsitzende oder -vorsitzender werden wollte, dass es eine Stichwahl gab. Eine Stichwahl … Wir lachten bei so was Tränen. Wie kann es nur zwei Menschen auf dieser Welt geben, die gleichzeitig Elternbeiratsvorsitzende des Kindergartens in unserem Nachbarort werden wollen? Was haben die davon? Wir lachten aber auch, weil meine Mutter den Ablauf von Elternabenden so spannend schildern konnte, dass wir drei Kinder darauf gespannt waren wie auf die Stunde *Pumuckl*, die wir in der Woche schauen durften.

Meine Mutter ging mit ihrem Amüsement über Elternbeiräte so weit, dass sie und mein Vater im örtlichen Supermarkt entsprechende Vertreter und Vertreterinnen immer laut und höhnisch mit »Oh, der Herr Elternbeirat« oder »Habe die Ehre, Frau Beiratsvorsitzende!« begrüßten. Es ist überflüssig zu erwähnen, dass ich den Charme sehr klar in direkter Linie von meinen Eltern geerbt habe und auch ähnlich beliebt bin wie sie damals. Für mich war jedoch schon früh klar: Was ich einmal nicht werden wollte, war eine Elternbeirätin. Schon alleine deswegen, weil mich meine Eltern und Brüder dann maßlos über die Zeit der Beiratstätigkeit und vermutlich auch darüber hinaus verarscht hätten.

Ich hatte es an meinem ersten Elternabend in der Kita aber fast vergessen und konnte mich gerade noch so aus der Verantwortung stehlen, weil mein Mann damals in Oberbayern arbeitete und ich quasi unter der Woche alleine war. Dazu noch die Vollzeit, das war zu viel. Sollten doch lieber Eltern in den Elternbeirat, die nur halbtags oder gar nicht arbeiten.

Mir ist sowieso irgendwie das nicht so nah, was nicht direkte elterliche Kernkompetenz ist. Meine Lieblingsteile des Elterndaseins sind Kuscheln, etwas ratschen mit den Kindern und halt abhängen. Ist doch mir egal, was die so machen, wenn ich nicht da bin. Das ist ja die ganze Idee dahinter, dass man die Kinder mal abgibt: Weil man eben *nicht* wissen will, was sie gerade machen und sich dafür auch *nicht* verantwortlich fühlen will.

Ich empfinde auch das ständige Beisammensein mit älteren Kindern ab dem Kindergartenalter nicht als so furchtbar schlimm, wie viele meiner Bekannten. Bei einigen denke ich mir oft, dass es vielleicht besser gewesen wäre, sie hätten die Kinder gleich nach der Geburt auf ein Internat in die Schweiz geschickt. Bei mir ist das nicht so. Das Abhängen mit den Kindern hat keinen Schrecken. Viel schlimmer finde ich vielmehr das Drumherum. Eben andere Eltern, Organisatorisches, Arztbesuche, Rückantwortzettel und so. Und am allerschlimmsten sind doch eigentlich diese Extra-Aktivitäten für Eltern. So etwas wie: Alle Eltern basteln jetzt eine Schultüte. Ich hasse basteln. Ich brauche zum Basteln immer Alkohol, sonst habe ich den Gesichtsausdruck eines Profikillers, während ich Federn an die Schultüte pappe und mir mit den klebrigen Fingern voller Heißkleber-Brandblasen danach in die Augen reibe, um mir dann alle Wimpern auszureißen. Ich bin da nicht geschickt.

Schon als ich selbst Kindergartenkind war, hat die Erzieherin, die damals noch Kindergärtnerin hieß, beschlossen, dass ich in der Erde des Kindergartens eher so das Saatgut war, das nicht aufgegangen ist. Meine Bilder suchte ich über der Leiste der Garderobenhaken vor dem Gruppenraum oft vergeblich. Weil sie hässlich waren, oder wie man in Bayern sagt: »Greißlich«. Greißlich, das kommt sicher von Grauen, und das trifft es auch. Weil es mir schon immer gegraut hat, wenn ich basteln musste: »Eva, alle haben das Muttertag-geschenk gebastelt, nur du nicht!« Und dann da so wertvolle Zeit verschwenden mit irgendeiner Batzerei. Und meine Mama packt es dann daheim aus, schaut mich belustigt an und sagt: »Sehr schön. Schaut aus, als hätt a Vogel draf gspiem! Aber danke dir, Everl. Griagst a Eis. Kannst ja nix dafür!« Und beim Eis erzählte sie mir dann von allen enge-ren Verwandten, die auch schon nicht basteln konnten. »Der Onkel Klaus, wenn der was bastelt, dann ist des da-nach eigentlich immer ein Haftpflichtschaden. Nach dem kommst du, glaub ich, ein wenig!«

Und weil ich gemeinsame Basteleien seit meiner Kinder-gartenzeit daher ablehne, war ich auch nur einmal in mei-nem Leben beim Mutter-Kind-Treffen. Ich habe halt keine Lust, dass ich abends beim Mütter- oder morgens beim Babytreff noch schnell irgendwelche Dinge mit anderen Frauen filze. Ich mag nicht filzen. Auch nicht nähen. Wa-rum fangen denn alle immer zum Nähen an mit Kindern? Ich möchte das nicht. Nein, auch nicht Häkeln. Ich mag abends den Bauch meines Mannes streicheln und ab und zu so was sagen wie: »Gib mir mal bitte das Weißbier rüber.« Und manchmal nicht mal das. Manchmal mag ich nur mei-nen eigenen Bauch streicheln und mit niemandem mehr reden nach zwanzig Uhr.

Aus dem gleichen Grund war ich nicht in der Rückbildung. Ich habe mich dafür entschieden, vor dem Niesen immer panisch auf die Toilette zu rennen. Man kann nicht alles ständig perfekt und richtig machen. Es muss auch Grauzonen geben. Und meine Grauzone besteht aus dunklen Jeans, denn helle Sachen gehen bei dem Zustand meines Beckenbodens wirklich nicht mehr, und für TENA Lady fühle ich mich zu jung.

Und diese Haltung ist nicht nur auf das Leben als Mutter bezogen. Ich finde es generell schlimm, wenn ich abends noch etwas mit einem Termin oder einer Verpflichtung des abgelaufenen Tages zu tun habe. Ich mag am Wochenende kein Teambuilding, abends keine Weihnachtsfeier, ich mag es nicht, wenn ich beim Physiotherapeuten war und der mir sagt, dass ich, bevor ich ins Bett gehe, noch ein paar Übungen machen soll. Für was bin ich dann da? Kann die Kasse nicht einfach dem Physiotherapeuten eine ganze Stunde zahlen, als wenn ich ständig Übungen in zwanzig Minuten gezeigt bekomme, an die ich mich abends sogar mit Merkblatt und Notizen nicht mehr erinnern kann? Ich will nach der Arbeit nichts mehr mit diesen Tagesterminen zu tun haben. Ich mag da alles erledigt haben, verdammte Axt. Das ist meine Freizeit.

Ich bin eine Frau, die mit absoluter innerlicher Ablehnung auf alles reagiert, was ihr in puncto zusätzlicher Abendveranstaltungen vielleicht sogar selbst noch etwas bringen würde, die lieber in die Hose pinkelt, als die so sehr geliebte Couch zu verlassen, um mit anderen Eltern zusammen zu sein. Ich bin eine Frau, die seit frühester Kindheit ein großes Repertoire an Elternabend-Jokes vererbt bekommen hat. Und ich bin diese Frau, die selbst von sich sagt, sie hat eine Allergie gegen Basteln, Schulen und Elterngespräche.

Und ich, ich soll nun überzeugt werden, auf einen Eltern-abend zu gehen, obwohl mir sowohl die Aktivitäten als auch der Tagesablauf als auch die anderen Kinder im Kindergar-ten, in der Kita und in der Schule komplett egal sind? Cool. Viel Erfolg allen Beteiligten. Das wird super.

An meinem ersten Elternabend im zweiten Kindergarten meiner Tochter sitze ich also in einem Stuhlkreis – auf die-sen viel zu kleinen Stühlen, die man schon aus diversen Fil-men mit Nora Tschirner oder Till Schweiger kennt, und überlege kurz, ob ich nicht doch in den Rückbildungskurs hätte gehen sollen, weil man nach dem vermutlich so eine tighte Beckenbodenmuskulatur hat, dass man auf dem Teil die Balance aus der inneren Mitte heraus halten kann und nicht ständig versucht, sich auszubalancieren.

In der Kita war meine Ausrede für alle Elternämter ja immer, dass ich unter der Woche alleine war. Das zieht jetzt leider nicht mehr, weil mein Mann momentan und ein-deutig mit mir jeden Tag in unserem gemeinsamen Haus wohnt. Krampfhaft überlege ich, was ich als Ausrede für das Elternbeiratsamt bringen kann. Im ersten Kindergarten meiner Tochter gab es überambitionierte Mütter, deren Männer so viel arbeiteten, dass sie entweder nicht oder nur wenig arbeiteten und deswegen voll in der Erziehung ihrer Kinder aufgingen. Diese – für mich sehr mysteriösen – Frauen meldeten sich bei der Wahl tatsächlich freiwillig mit ihren dünnen Ärmchen, die aus Burberry-Shirts heraus-schauten. Und ich liebte sie dafür. Erstens gaben sie auf der Witzefront natürlich wahnsinnig viel her, weil alleine ihr Anblick in mir den starken Wunsch hervorrief, alte Punk-Platten wieder herauszukramen und mich auf meine pubertäre Liebe zum Klassenkampf zu berufen. Andererseits wusste ich: Sie haben sich für uns geopfert. Diese vom Leben enorm privilegierten Frauen werfen ihre wertvolle Freizeit weg, die sie auch mit ihren anderen Hobbys wie Polospielen, Golfen und Schönheits-OPs hätten verbringen können, nur um dieses nervige Amt zu übernehmen. Okay. Ich übertreibe. Die beiden Mütter mit gestärkten Polokragen, die Elternbeirätinnen wurden, hatten sicher ganz normale Regensburger Stadt-Hobbys: also in Cafés rumsitzen während die Kinder im Ballett sind, und Weißweinschorle trinken, während die Kinder beim Geigenunterricht sind.

Und ich war vielleicht auch nur neidisch, weil die Frauen so viel Zeit hatten und so wenig Not zum Arbeiten. Wie sagte neulich eine Freundin durch das Geschrei ihrer zwei Kinder am Telefon zu mir: »Eva, ich will doch nur reich sein, in den Hollywood Hills auf Kosten der Ärmeren leben und alles bekommen, was ich mir einbilde. Ist das denn so schwer?« Und ja – vielleicht war ich auch neidisch, weil ich tief in mir drin auch alles glaubte, was aus Hollywood kam – angefangen damit, dass Diamanten wertvoll sind, über das Ideal der monogamen romantischen Liebe bis hin zu der Lüge, dass Privatjets okay sind. Und klar triggern mich die Möchtegernfrauen bayerischer Mittelstands-CEOs, die mit Kindern in Prepper-Outfits jedes Jahr in den Osterferien nervige Fotos vom »schönen Teil Mallorcas« posten, um die innere Leere zu füllen. Sollen die mal alle was tun für die Gemeinschaft! Ich tu eh schon genügend. Weil ich Idiotin mich, chronisch pleite, zu Sammelaktionen, Spenden und Ehrenämtern hinreißen lasse. Weil ich die Welt verbessern will, wie so ein Helferkomplex auf zwei Beinen. Und abends weine ich dann, weil mir alles zu viel wird,

wenn ich nicht noch auf so einen gottverdammten Elternabend muss! Also – sollen die mit Au-pairs doch Elternbeirätinnen sein. Ich applaudiere ihnen und liebe sie ab sofort.

Durch den Wohnortswechsel wechseln wir aber auch den
Kindergarten. Im Landkindergarten, wo in der Nähe die
pragmatischen Eltern wohnen, schaut das alles ganz anders
aus. Hier ist fast jede Mama noch nebenbei in der Feuer-
wehr, leitet eine Jugendgruppe oder den Gymnastikkurs in
der Turnhalle. Und wenn nicht sie selbst in irgendeinem
Verein ist, sind es die Männer, die Lebenspartnerinnen oder
die Kinder. Oder alle.

Ich merke, schon bevor der Elternabend anfängt, dass ich
es hier mit Ebenbürtigen zu tun habe. Niemand hier hat
Bock auf den Posten im Elternbeirat. Alle verdrehen beim
Hinsetzen die Augen, weil alle bei dem schönen Abendwet-
ter lieber noch etwas im Garten gemacht hätten und niemand, aber auch wirklich niemand trägt ein Polohemd.
Schon gar nicht in Pink oder mit Burberry-Karo. Zwei Väter
sitzen noch in der Arbeitskluft da – und damit meine ich
Handwerkeroutfits. Ihre Unterarme sind voller Schmiere
und so weiter und sie haben sie demonstrativ vor dem
Brustkorb verschränkt und warten. Mich beschleicht ein
tiefes Gefühl des Respekts. Nicht nur, weil Männer in Hand-
werkerberufen für mich schon immer Teil meines Beute-
schemas waren, und ich bin halt Frau und habe Augen.
Nein, es liegt auch daran, dass diese riesigen Typen auf diesen kleinen Stühlen balancieren, als wären ihre Hintern die
von Hochseilartisten. Da bemerkt man einfach die inner-
liche Festigung und die stoische Ruhe. Wie so Felsen mit
Knackarsch.

Ich besinne mich auf mein eigenes Vorhaben: unsichtbar sein und nicht in den Elternbeirat gewählt werden. Ich habe dafür einen kleinen Trick angewandt. Da ich Streifenshirts, also Breton-Shirts liebe, habe ich welche in jeder Streifenkombination. Natürlich auch in Rot-Weiß. Dazu besitze ich als Kind der Neunziger eine nostalgische Sammlung von Latzhosen, die ich ebenfalls gerne anziehe. Daher trage ich auf Elternabenden immer das unauffälligste aller Outfits: ein rot-weiß gestreiftes Oberteil und darüber eine Latzhose. Wie in den Wimmelbüchern, in denen man nach Walter suchen muss. Zusammen mit meiner schwarzen dicken Brille sehe ich dem Walter der Bücher zum Verwechseln ähnlich. Und wenn Walter in den Büchern so schlecht zu finden war, muss das ja auch im echten Leben klappen. Bisher bin ich gut davongekommen. Natürlich lag das bisher an der Fernbeziehung und den überambitionierten reichen Müttern – aber ich habe Hoffnung. Ich sitze als Walter verkleidet auf dem Ministuhl und suche meine innere Mitte bei betontem Nichtvorhandensein, und die Erzieherinnen sprechen ein wenig über das geplante Kindergartenjahr.

Ich muss zugeben, wenn ich schon mal da bin, dann interessiert es mich so halb. Vor allem, weil ich bisher sämtliche Erzieherinnen meiner Kinder sehr gerne mochte. Diese Heiligen ertragen meine und fremde Kinder über mehrere Stunden und schaffen es noch, dass alle zusammen sich die Hände waschen, Bilder malen und leise sind. Für mich sind das Heldinnen ohne Capes. Punkt. Ich höre also den Ausführungen der heldenhaften Kindergartenleiterin zu und erfahre einiges über das neue geöffnete Konzept. Aha.

Kurz darauf – vor den Blätterteighäppchen – ist es dann so weit, wir kommen zur Angstfrage: »Wer hat denn Lust in den Elternbeirat zu gehen?« Anders als in der Stadt, wo immer ein andächtiges, fast feierliches Schweigen nach dieser Frage herrschte, fangen am Land alle zu lachen an.

»Ja, niemand!«, ruft ein Papa im Blaumann und klatscht dem Papa neben ihm spaßig auf die Schulter. Alle lachen. »Wie wär's denn amal mit der Frau Karl Faltermeier, die ist doch ganz neu hergezogen, die lernt dann alles kennen!«

Ich erstarre innerlich und schaue mich kurz um. Wie ist es möglich, dass man mich sieht? Immerhin bin ich als Walter verkleidet!

»Ganz schlecht!«, rufe ich. Und alle schauen mich an. Ich bleibe jetzt dabei und wiederhole nur: »Na, im Ernst. Schlecht!«

Die Mama neben mir rempelt mir zart ihren Ellenbogen in die Seite: »Ach, komm! Von uns waren es schon einige in den letzten Jahren, und du bist neu und musst auch mal ran!«

»Aber i hab keinen Bock auf den Mist!«, plärre ich leicht hysterisch in den Stuhlkreis – und da war es dann: das andächtige, feierliche Schweigen, das ich eigentlich fünf Minuten vorher erwartet hatte. Nur war das Schweigen nicht andächtig und feierlich, sondern bei genauerem Hinfühlen eher so: sauunangenehm.

»Hat sie jetzt gsagt, dass das ein Mist ist?«, fragt ein Vater rhetorisch.

Und der mit dem Blaumann schreit: »Ja, recht hat's!«

Ich zögere und sage: »Nein, tut mir leid. Ihr habt's recht. Ich mache es. Von mir aus.«

Ich habe gehofft, dass sich die Stimmung mit meinem Einlenken etwas auflockern würde, aber das war ein Irrglaube. Mögen würde mich von den Anwesenden in Zukunft höchstens noch der Papa mit dem Blaumann und sonst niemand mehr. Peinlich.

Allerdings – richtig peinlich ist mir das Ganze dann erst, als ich später wieder daheim bin.

»Und?« Mein Mann ist als Lehrer eh schon chronisch gelangweilt von Elternabenden, dass er nicht einmal mehr vom iPad aufblickt, als er mich fragt, wie es war.

Ich murmle, immer noch als Walter verkleidet: »Ibinim Elternbeirat.«

»Was?« Mein Mann richtet sich abrupt auf, legt sein iPad sofort weg und hält sich die Hand hinter ein Ohr, als könne er plötzlich nicht mehr hören. Dieser Pfosten!

Ich gehe zu ihm, setze mich rittlings auf ihn, schaue in sein Gesicht und schreie: »Ja, ich bin im Elternbeirat, und jetzt kannst mich auslachen, so viel du willst, es ist mir scheißegal. Weil ich mich immerhin so gerne mit der Zukunft unserer Kinder auseinandersetze, dass ich mich abends in so eine Zusatzveranstaltung hocke, während du in dein iPad schaust!«

Er lacht und gibt mir ein Bussi. »Als Elternbeirätin hast du gleich so einen seriösen Vibe«, scherzt er und nennt mich seitdem nur noch »Frau Beirätin«.

Wir haben uns dann recht bald danach getrennt. Ich glaube nicht, dass der Elternbeirat etwas damit zu tun hatte, aber es kann natürlich sein. Nach der Pleite beim Elternabend war es meine dringende Mission, alles wiedergutzumachen. Und ich habe mir neben meinem Job und den Kindern noch zirka drei Stunden täglich für den Elternbeirat den Hintern aufgerissen. Mit Erfolg. Immerhin war nie wieder mehr Geld in der Kasse, als in dem Jahr, in dem ich Elternbeirätin war. Nie gab es mehr Leben und Funkdisziplin in der Eltern-WhatsApp-Gruppe. Vielleicht war es auch zu viel, wenn man mehrmals im Jahr Kuchenverkauf, Tombolas und Büchsenwerfen veranstaltet. Und möglicherweise war es für meinen Mann auch nicht so gut, dass der Elternbeirat einmal in der Woche bei uns im Wohnzimmer eine wichtige Besprechung mit einer Kiste Weißwein abgehalten hatte. Fakt ist jedoch: Die anderen Eltern mochten mich bald wieder, das neue Klettergerüst war da und zwei neue Trettraktoren gab es auch. Und wegen der Scheidung – mein Gott. Lehrer und Elternbeiräte. Das ging noch nie gut zusammen.

Bringzeit

Es ist zehn Minuten nach dem Ende der Bringzeit. Meine Kinder und ich stehen auf dem Flur des Kindergartens. Die Tür der Gruppe ist bereits geschlossen, was bei uns eine gewisse Hektik ausbrechen lässt, weil immerhin wurden wir als chronische Zuspätkommer schon dermaßen oft ermahnt, tief und vielsagend angeschaut, ignoriert und an der Tür weggeschickt, dass man es gar nicht in Worte fassen kann. Zwei verschiedene Kitas, zwei verschiedene Kindergärten, dazu verschiedenste Leiterinnen, Wechsel im Gruppenpersonal und so weiter – wegen diverser Umdisponierungen erleben meine Kinder verschiedenste Modelle der Kinderbetreuung, aber ein Problem blieb immer: die Bringzeit. Natürlich geht jede Erzieherin, jede Leitung und jeder Praktikant mit unserem ewigen Zuspätkommen anders um.

Fakt ist aber: Wir schaffen es einfach nicht, pünktlich und einigermaßen organisiert an den Toren des Kindergartens zu erscheinen. In unserem Stadtkindergarten waren wir mit diesem Problem nicht allein, nein, wir waren eine ganze Gang von Eltern die pünktlich fünf Minuten zu spät kamen. Ein paar der Zuspätkommer-Eltern kannte ich schon aus der Schulzeit. Wir waren sofort wieder verbunden, denn das Klingeln nach Bringschluss war so verboten wie damals in der Schule, wenn man als Elftklässlerin unerlaubterweise im Kollegstufenrauchereck abhing.

Wir waren irgendwie die coolen Eltern, die den spießigen Eltern so sehr überlegen waren. Wir waren die, die bei einem Ausflug aller Eltern des Kindergartens in der letzten Reihe im Bus gesessen hätten. Wir wären die Eltern gewesen, die zum Basteln von Martinslaternen einen Flachmann geschmuggelt hätten, um das ganze Gebastle etwas upzusteppen. Wir waren eine Gang, unsere Kinder waren befreundet, und wir verdrehten immer still die Augen, wenn wir von den Erzieherinnen mal wieder ermahnt wurden, oder Zettel aushingen, auf denen stand, dass Eltern in nächster Zeit doch wieder mehr auf Pünktlichkeit bei Bringzeiten achten sollten. Wie engstirnig war das denn? Klar, es gibt Morgenkreise und so. Aber ein wenig Flexibilität konnte man wohl inzwischen erwarten. Wir lebten ja nicht mehr in den Fünfzigern mit diesen starren Regeln.

Wir hatten flexible Arbeitszeitmodelle oder waren selbstständig und seit jeher nicht ganz angepasst. Bei den anderen Eltern und den Erzieherinnen waren wir im Stadtkindergarten beliebt wie Hämorrhoiden. Mindestens. Aber wir waren eine Gang. Und ich liebte die anderen auch dafür, dass es immer jemanden gab, der ein noch viel schlimmeres Zeitmanagement hatte als ich.

»Danke, dass du noch später kommst«, rief ich dem Makler zu, der mit seinem Volvo immer direkt im Halteverbot vor dem Kindergarten parkte, um seine Tochter eine Viertelstunde zu spät zu bringen.

»Eva, auf mich kannst du dich verlassen, weißt eh!«, rief der dann zurück, und das machte Spaß.

Mit dem Wechsel zum Land-Kindergarten habe ich diese coole Peergroup chronischer ZuspätkommerInnen leider verloren. Denn jetzt, im Landkreis, habe ich die Welt der FrühaufsteherInnen betreten. Die Menschen außerhalb von Stadtgrenzen mähen nicht nur schon um sieben Uhr morgens am Samstag den Rasen, nein, sie haben um diese Zeit auch schon ihr ganzes Haus für den Sonntag geputzt.

Die anderen Eltern im Kindergarten meiner Kinder fahren nach dem Bringen ihrer Kinder noch kurz zum Einkaufen, kochen etwas vor und gehen dann in die Arbeit, um mittags mit den Kindern entspannt zu essen.

Als schläfrige Frau im Land der Bettflüchtigen lebe ich ein auffälliges und nicht mehr ganz so obercooles Leben. Das ist ungewohnt für mich, denn da, wo ich war, war bisher immer die Coolness. Heute werde ich belächelt, wenn ich im Schlafanzug und in Crocs von Kanye West meine Tochter zehn Minuten nach dem Ende der Bringzeit am Kindergarten abliefere. Und daran musste ich mich erst mal eine Zeit lang gewöhnen. Inzwischen sind wir aber ganz schön selbstbewusst in unserer einsamen Zuspätkommerei. Meine Kinder und ich kommen als neue Gang zu spät, und wir machen die Witze über unser Versagen halt jetzt in der Familie.

Es könnte sehr harmonisch sein. Doch leider gibt es da einen kleinen Haken. Der Haken hat nicht etwa die Form einer Erzieherin, die sich über unsere fehlende Pünktlichkeit beschwert. Nein, der Haken heißt Luca. Luca ist ein Kind. Ein ganz normales Kind im Kindergarten. Na ja. Ganz normal. Ich habe schon öfter gehört, dass Luca stört, Ärger bekommt oder Probleme macht. Aber da meine Tochter selten über Probleme spricht, war das eher so im Vorbeigehen, wenn sich andere Eltern unterhalten haben. Luca hat meine Tochter auch mal ausgelacht, weil ich ihr ihren Joghurt als Brotzeit mitgegeben habe, doch das fanden wir gegenüber der Erzieherin nicht mal erwähnenswert.

Aber gestern haben sich die Dinge geändert. Gestern haben mir meine Kinder erzählt, dass Luca ihnen immer wieder damit drohe, dass er eines Tages unser Haus anzünden oder unsere Katze umbringen werde. Luca hat wohl auch schon meine Tochter gewürgt und zu meinem Sohn gesagt, dass sein großer Bruder jeden umbringen könne. Als meine Kinder so dagesessen sind und sich von der Seele geredet haben, was Luca in der letzten Zeit so alles zu ihnen gesagt hat, stieg in mir eine unfassbar große Wut hoch.

»So ein Volldepp, was machen wir denn jetzt?«

»Wie können ja mal mit der Erzieherin reden«, schlug meine Tochter vor.

Und Vroni 2 meinte in seinem bairischen Dialekt und mit seinem fehlenden »r«, dass »Tes toch nix b'ingt«.

Ich merkte, dass beide eine höllische Angst vor Luca haben, und fragte sie, seit wann das denn vor sich ginge.

»Ach, das war schon so, als ich noch alleine im Kindergarten war«, erklärte mir meine Tochter.

Und die Frage, warum sie denn nie etwas gesagt hätte,

konnte sie mir auch nicht beantworten. Neuer Kindergarten einfach. Und so weiter.

Ich war etwas sprachlos. Gerade jetzt wäre es cool, mit dem Papa der Kinder zu sprechen, aber wir waren leider frisch getrennt und sprachen noch nicht so richtig intensiv miteinander. Ich kuschelte also mit den beiden beim Einschlafen extra viel und versprach ihnen, eine erwachsene und gute Lösung zu finden, die ihnen auch wirklich absolut keine Probleme bereiten würde. Ganz sicher.

Und heute stehen wir also auf diesem Flur des Kindergartens und die Gruppentür ist schon geschlossen.

»Verdammt, ich hätte doch noch so gerne mit der Gruppenleiterin gesprochen«, sage ich zu den Kindern.

Sie zucken nur mit den Schultern, werfen mir Küsse auf die Backen und verschwinden in der Gruppe.

Langsam gehe ich den Gang entlang, als ich die Gruppentür hinter mir noch einmal aufgehen höre. Ich schließe innerlich eine Wette ab, dass das bestimmt mein Sohn ist, der mir ein zweites Bussi geben will, weil er das oft so macht, da sehe ich: Es ist Luca. Luca, der anscheinend auf die Toilette muss.

Ich bleibe stehen und schaue ihn an. Luca ist größer als die anderen Kinder und etwas gedrungen, er erinnert mich frappierend an einen Schlägertyp aus meiner Grundschule. Anscheinend habe ich da ein kleines Trauma aufzuarbeiten, denn als er arglos an mir vorbeigeht, höre ich mich seinen Namen sagen. Er bleibt auf meiner Höhe stehen und schaut mich an. Ich gehe in die Knie und blicke ihm tief und furchtlos in die Augen. In meinem Kopf beginnt leise die Musik von *Spiel mir das Lied vom Tod*.

Mit verdächtig milder, aber fester Stimme frage ich: »Luca, kannst du schwimmen?«

Er schüttelt verwundert seinen blonden Kopf.

»Oh, das ist aber ungünstig. Weißt warum?«

Er schüttelt wieder mit dem Kopf.

»Weil meine Kinder mir erzählt haben, dass du ihnen jeden Tag drohst. Stimmt das?«

Luca bewegt sich nicht mehr und schaut mich erstaunt an.

»Luca, wir haben da eine Güllegrube bei uns hinter dem Haus. Die ist sehr alt und sehr tief und aus Beton. Und wenn du meinen Kindern oder irgendwelchen Freunden von ihnen noch ein einziges Mal drohst, dann werfe ich dich da rein – und da kommst du nie wieder raus. Verstanden? Und jetzt ab!«

Wie vom Hafer gestochen rennt Luca in Richtung der Toiletten. In meinem Kopf spielt es *Bonanza*.

Ich richte mich wieder auf und schaue in den Spiegel neben der Tür zur Häschengruppe. »Was bist du nur für eine furchtbare Hexe, Eva Karl«, sage ich zu meinem Spiegelbild.

Ein paar Tages später erkundige ich mich bei meinen Kindern höchst beiläufig, wie denn die Lage mit Luca im Kindergarten sei. »De edet nimme mit uns«, meint mein Sohn.

»Doch, zu mir war er heute sogar nett«, ergänzt meine Tochter. »Komisch, oder? Wie der auf einmal ganz lieb ist. Hoffentlich bleibt das so.«

»Manche Menschen lernen halt dazu. Jeder Mensch kann jeden Tag ein besserer Mensch werden, Kinder – man muss es nur wollen«, erkläre ich den beiden, und in meinem Kopf füge ich noch hinzu: außer du, Eva. Du wirst immer eine furchtbare, überforderte Mutter bleiben, aber deine Kinder werden das erst in ein paar Jahren so richtig checken. Dann nämlich, wenn Luca sich in meine Tochter verliebt und ihr erzählt, was damals im Kindergarten vorgefallen ist. Aber bis dahin, bis dahin haben meine Kinder und alle anderen der Gruppe eine richtig schöne Kindergartenzeit. Ohne die Drohungen von Luca.

Schule

Vorpubertät

Zeit ist ein komisches Konstrukt. Irgendwann vergisst man als Elternteil diese endlosen, immergleichen Tage, an denen man sich kurz vor dem Schlafengehen nur eine Frage stellt: »Wie lange am Stück schaffen wir es heute, bis das Baby Hunger bekommt?«

Für mich ist es inzwischen schon sehr abstrakt, als mir eine Freundin neulich am Telefon erzählte, ihr Mann sei nach der vierten Flasche in der Nacht voller Wut aufgesprungen und hätte in Richtung des Babys gerufen: »Ja, ja, ich stehe ja schon auf, weil ich bin ja die fucking Fläschchenfee!«

»Wie kann der nur so entgleisen?«, frage ich mich. Das frage ich mich auch deswegen, weil meine Kinder jetzt so selbstständig sind und diverse Getränke schon ganz eigenständig zu sich nehmen. Sie trinken – vollkommen ohne meine Hilfe – bereits Tee, Leitungswasser und Saftschorlen. Das bemerke ich hauptsächlich daran, weil ich oft halb vergorene Saftschorlen oder zu Naturkefir verwandelte Milch irgendwo im Zimmer meiner Tochter entdecke.

Doch das sind nicht die einzigen Überraschungen, die meine Kinder für mich im Haus versteckt haben. Denn sie verstecken mir auch täglich kleine Ostereier in der Form von Sockenhaufen. Ich finde Socken auf der Couch, ich finde Socken in der Legokiste, ich finde Socken im Bett –

und einmal habe ich Socken in meinem Auto entdeckt. Es wundert mich, dass meine Kinder neben den versteckten Socken und der Masse an Sockenpaaren, die in der Waschmaschine zur Hälfte verloren gehen, überhaupt noch Socken besitzen, die sie tragen können.

Sehr geduldig sage ich, wenn ich Sockenhaufen sehe, meinen Kindern, dass sie diese doch bitte aufräumen sollen. Das bedeutet letzten Endes, dass sie den sehr weiten Weg in eines der Bäder zurücklegen müssen, um die Socken in eines der Behältnisse für schmutzige Wäsche zu legen. Wow.

Meistens flankiere ich so eine Ansage mit mindestens einem »Bitte« und verweise auf mein Lieblingsthema, nämlich die Tatsache, dass ich inzwischen alleinerziehend und selbstständig bin und dadurch eh sehr viel zu tun habe. Und eben nicht die »fucking Sockenfee« bin, um es mal mit dem Mann meiner Freundin zu sagen.

Meine Kinder danken mir diese kleinen Ansprachen mit einem ausgeprägten Augenverdrehen, diversen Motzlauten und einem übertrieben lautem Stampfen in Richtung der Schmutzwäschebehältnisse.

»Wenn ich immer so schauen würde, wie ihr schaut, wenn ihr mir helft, käme ich aus dem Beleidigtschauen gar nicht mehr raus!« Natürlich läuft mir, wenn ich so etwa sage, ein kalter Schauer über den Rücken, weil ich weiß, dass so was auch eins zu eins von meinem Vater Ende der Achtzigerjahre hätte kommen können. Aber manche Sätze vererben sich so mit.

Es gibt überhaupt vieles, was ich neuerdings von den Generationen vor mir annehme. Manche Erziehungsmethoden, die ich so alleine und überfordert gut finde, kommen vermutlich direkt aus dem Mittelalter. Jetzt, wo meine

Tochter in die Schule geht und einen Euro Taschengeld in der Woche erhält, habe ich zum Beispiel ein super Druckmittel für alles: Nämlich dass es bei unterlassener Hilfeleistung im Haushalt auch kein Taschengeld gibt. Diese Tipptopp-Erziehungsmethode dürfte direkt von Heidemar dem Schrecklichen oder so kommen. Auf jeden Fall steht sie in keinem Ratgeber. Lustig ist halt, dass sie funktioniert.

Überhaupt funktioniert so einiges, wenn man die Kinder ein wenig erpresst und die eigene Macht etwas ausspielt. Jetzt, wo die kleinen Wesen kausale Zusammenhänge erkennen können und auch so etwas wie Hobbys, geliebte Gegenstände und beste Freundinnen haben, sind sie eigentlich zu absolut jeder Zeit irgendwie erpressbar. Ist es nicht das Taschengeld, sind es die Weihnachtsgeschenke oder die Geburtstagsparty des besten Freundes. Ganz egal. Als ich das erst mal verstanden hatte, dass ich nun ungeteilte – weil alleinerziehende – Macht besaß, wurde das Mittel der Erpressung für mich zu einem Allheilmittel.

Weil ich den beiden ansonsten auch nicht Herr werde. Und irgendwie will ich ihnen anscheinend Herr werden, obwohl ich eine Frau bin und Autoritäten immer abgelehnt habe. Aber ich wusste auch nicht, wie müde und überarbeitet man sein kann als Frau mit achtunddreißig Jahren. Jetzt weiß ich es. Und jetzt tue ich mir selbst am meisten leid. Entschuldigung, Kinder.

Meine Kinder sind übrigens auch nicht überall gleich. Bei mir zu Hause hinterlassen sie verschlüsselte Botschaften mit Sockenhaufen, bei meiner Mutter gehen sie dafür nicht ins Bett und bei ihrem Vater scheinen sie manchmal komplett zu machen, was sie wollen. Es ist, als könnten sie die kleinen emotionalen Schlupflöcher aller Betreuungspersonen finden und ausnutzen, aber so geschickt, dass wir uns – als Geschädigte – überhaupt nicht austauschen können. Wenn meine Mutter sich beschwert, dass meine Kinder bei ihr nicht ins Bett gehen, verstehe ich das nicht, weil das Ins-Bett-Gehen bei uns so strukturiert ist, dass alles okay ist, bis ich sage: »Der Spaß hat jetzt ein Loch!« Und in dem Moment wird unter heftigem Gemurmel der beiden ziemlich bald genervt geschlafen. Bei meiner Mama scheint vom Macarena-Tanzen bis zum beruhigenden Zureden alles nötig zu sein, um die zwei immerhin um 23:00 Uhr so weit zu haben, dass sie ein Auge zumachen.

Das ist aber auch so, wenn ich mich im selben Haus befinde. Denn meine Kinder gehören mir durch eine natürliche Verantwortungsumschichtung nicht mehr, wenn sie bei der Oma sind. Da die Oma meine Chefin ist und ich die der Kinder, übernimmt sie sofort das Regime, und ich klinke mich ganz unbemerkt aus allem aus. Oberin sticht Unterin. Ich kann meine zwei Ableger im Haus meiner Eltern sehr gut ignorieren – und sie mich auch. Es ist, als wäre ich nicht da.

Das funktioniert in unserem Haus nicht. Wenn ich mit meinen Kindern bei uns zu Hause bin und meine Mutter kommt, bin ich oft beides – Mutter und Tochter. Meine Kinder lassen ihre Socken liegen, und meine Mama hält mir deswegen eine Predigt, dass ich stärker erzieherisch durchgreifen müsse. Wenn ich allerdings bei meiner Mama bin, bin ich plötzlich weder Mutter noch Tochter. Meine Kinder spielen mit ihren Großeltern, und die genießen das, und ich lese derzeit irgendwelche Printmagazine, deren letzter Abo-Kunde mein Vater ist.

Es ist eine magische Zeit, als hätte es mich, meine Pubertät, meine Scheidung und alles, was ich je erreicht habe, nie gegeben. Als wäre ich nur eine Zwischenebene gewesen, eine Vorstellung, während Enkel und Großeltern das vollkommene Glück bilden. »Nur bei der Oma bin ich richtig glücklich«, hat meine Tochter neulich verträumt vor sich hingesagt. Ich kann das natürlich verstehen, weil ich früher auch gerne bei meiner Oma war. Und die Zeit bei meiner Mama und ihren Mehlspeisenfähigkeiten immer noch sehr genieße. Andererseits war ich in dem Moment schon ein wenig traurig, weil ich mir bisher ja Mühe gegeben habe mit meinen Kindern.

Trotzdem wirke ich auf meine Kinder und mein Umfeld oft nicht sehr verlässlich. Zum Beispiel hat meine Mama »mal sicherheitshalber« notiert, wann die U-Untersuchungszeiträume meiner Kinder sind. Die Frau hat sieben Enkelkinder. Aber von meinen Kindern kennt sie Impftermine und U-Untersuchungen. Da sieht man ja schon, wie unsichtbar ich bin. Klar liegt das auch daran, dass ich vielleicht schon mal hin und wieder was verschwitzt habe, aber ich fühle mich manchmal leicht unmündig, weil meine Tochter und meine Mutter mich ständig an Dinge erinnern.

Wenn ich meine Kinder von einem Sonntag bei der Oma abhole, sagt meine Mutter verschwörerisch zu meiner Tochter: »Schau, dass die Mama morgen früh aufsteht, dass du nicht zu spät bist.«

Und meine Tochter zwinkert ihr zu und sagt: »Klar, Oma, kannst dich auf mich verlassen!«

Ich bin doch keine harte Crack-Abhängige, die seit Jahren vom Jugendamt beobachtet wird. Ich bin einfach ein kleiner Morgenmuffel. Und ich dachte immer, dass meine Tochter mir freiwillig morgens Kaffee macht, weil sie mich liebt und mir was Gutes tun will. Und sie Frühaufsteherin ist. Und jetzt bin ich hier der Problemfall, oder was?

Allerdings, hat uns meine Mama dann auch an die letzte U-Untersuchung pünktlich erinnert. Und das war interessant, denn der Kinderarzt hatte festgestellt, dass meine Tochter bereits leicht vorpubertär sei. Es gäbe da durchaus körperliche Anzeichen, meinte er. Ich musste hysterisch lachen, weil ich erstens nichts gesehen habe, und zweitens: Das Kind ist sieben! Da oben links wächst gerade mal ein Zahn nach, der vor zwei Wochen ausgefallen ist. Der Arzt sah mich zweifeln und erklärte mir fünf Minuten lang, woran er seine Beobachtung festmache.

»Entschuldigen Sie, Herr Doktor. Ich selber bin gerade mal seit einem Jahr aus der Pubertät raus, wie kann es denn sein, dass sie da jetzt reinkommt? Haben wir nicht ein Recht auf pubertätsfreie Zeit?«, fragte ich.

Und mein ebenfalls anwesender Sohn schickte noch ein »Pfui Teufel, wenn die erwachsen wird, gibt's bald lauter Busen. Igitt!« hinterher.

Der arme Kerl konnte einem auch wirklich leidtun, immerhin war er inzwischen der absolut einzige Mann in unserem Haushalt mit vier Hühnern, einer Katze, einer Großtante, einer Mutter und einer Schwester.

»Ein Busen ist nicht igitt. Kein Körperteil ist igitt, wenn man es wäscht«, zischte ich ihm zu.

Der Arzt erklärte mir ein weiteres Mal, und zwar sehr langsam, dass das jetzt eine wichtige Zeit sei, in der ich noch einmal viel Nähe mit meiner Tochter herstellen solle, so in zwei bis drei Jahren könne es dann schon losgehen mit der richtigen Pubertät. Mir wurde schlecht. Daher also die schnippischen Antworten wegen der Sockenhaufen. Meine kleine Tochter war quasi schon dabei, einen eigenen Hausstand zu gründen.

Sie schaute mich an und fragte, ob sie auch einen BH bekommen würde, wenn das losginge, und ich erklärte ihr, dass BHs ein tragbares Gefängnis seien und wir das noch mal besprechen würden. In fünf Jahren. Wenn ich mich mit ihrer Pubertät abgefunden hätte. Und sie bereits rauchen würde. Manche Themen muss man halt bei einer Zigarette besprechen. Oder einem Schnaps. Oder auch nie. Vielleicht führen wir das Gespräch nie. Momentan habe ich keine Lust darauf.

Seit diesem Arztbesuch beäuge ich meine Tochter etwas argwöhnischer. Ständig lauere ich auf Beweise ihrer Vorpubertät. Sämtliche Augenverdreher, laute Seufzer und wütende Stampfer scheinen mir sehr deutliche Hinweise zu sein. Auch dass sie neuerdings kichert, wenn sie über Jungs redet. Mir dreht sich dann immer der Magen um. Aber wenn ich kurz aus dem Zimmer gehe und mit der Faust gegen die Wand haue, geht es auch gleich wieder.

Meine Überlegungen zum Heranwachsen meiner Tochter werden pausiert, denn die Osterferien beginnen. Die Kinder sind erst mal eine Woche beim Papa, und ich bin guter Dinge. Nach dem ersten Wochenende kommt dann die schlechte Nachricht: Mein Ex-Mann und die Kinder sind an Corona erkrankt. Wie lange die wohl ansteckend sind? Zwei Tage überlege ich, ob ich meine Kinder nach einer Woche so stark vermisse, dass ich sie am Ostersonntag wie geplant in Empfang nehme und mich dann auch potenziell anstecke. Oder ob ich sie vielleicht doch noch eine Zeit entbehren kann und sie lieber bei ihrem durchseuchten Vater lasse. Zwickmühle. Liebe oder körperliche Unversehrtheit? Brauchen die mich denn so dringend? Meine Tochter ist ja eh schon fast erwachsen …

Während ich noch überlege, habe ich mich leider selbst irgendwo mit COVID-19 angesteckt und bin über Tage so stark in Mitleidenschaft gezogen, dass ich überhaupt nichts mehr kann. Wie ein echter bayerischer Power-Clan versorgt mich meine Familie mit bayerischen Globuli, also Grieß-nockerlsuppe, Schokopudding, Milchreis und Besorgnis. Aber da wir wirklich ein sehr großer bayerischer Clan sind, erfolgt die Versorgung durch sehr starke Liebe nicht koordi-niert. Das hat zur Folge, dass an manchen Tagen mehrere Speisen und an anderen Tagen gar nichts angeliefert wird. Aber das geht sich trotzdem ganz gut aus. Ich bin eine sehr umsorgte Alleinerziehende.

Als ich einmal sehr schlecht beieinander bin, erreiche ich über ein paar Stunden zwar absolut niemanden in der Fami-lie, weil alle gerade nicht auf das Handy schauen, denn es ist Feiertag und schönes Wetter. Zwei Stunden später scheinen dann wieder alle auf einmal online zu sein und rufen mich und sich gegenseitig gleichzeitig an. Das bedeutet, dass bei allen, mit denen ich telefoniere, wiederum alle anderen an-klopfen. So kommt es, dass ich mit meiner heiseren Stimme, die heiserer ist als die des Paten im zugehörigen Film, mit achtundzwanzig Leuten in fünf Minuten telefoniere. Da es sich meine liebevollen Verwandten nicht verziehen haben, dass sie mich zwei Stunden unbeaufsichtigt gelassen haben, bekomme ich in den darauffolgenden Tagen eine dermaßen hingebungsvolle und intensive Aufmerksamkeit, dass be-sorgte Verwandte in meinem Bad stehen, während ich du-sche. Dass ich ansteckend bin, ist ihnen hier auch nicht wichtig. Meine Verwandten sind überall. Verwandte brechen liebevoll in mein Haus ein, wenn ich ausschlafe, Verwandte rufen mich morgens um sieben mitfühlend an und fragen, ob alles okay ist, Verwandte schicken mir lustige Memes um mich aufzuheitern. Ich werde vermutlich auch nie wieder so gut essen, wie in meiner COVID-Zeit. Kartoffelsuppe, Pfannkuchensuppe, Risotto, Knödel, und diverse selbstgekochte Leckereien werden mir nach den zwei unbeaufsichtigten Stunden am Feiertag mit noch größerer Schlagzahl vors Haus geliefert. Ich bekomme sogar Blumen! Mein gesamter Freundeskreis und alle Verwandten kontaktieren mich morgens, mittags, abends und vor dem Ins-Bett-Gehen extra, um die größtmögliche Betreuung sicherzustellen. Wenn ich aus einer fiebrigen Nacht aufwache, telefoniere ich nach dem Messen meines Blutsauerstoffsättigungswerts kurz mit zirka dreißig Leuten, um dann noch einige Nachrichten zu beantworten. Zwei Stunden später verlasse ich das Bett. Ich fühle mich so geliebt wie nie wieder. Von meinen Verwandten und meinen Freundinnen. Nur von meinen Kindern höre ich in dieser Zeit recht wenig.

Die sind zwar frisch genesen, aber natürlich bin ich – so krank und erledigt – nicht fähig, für meine Kinder zu sorgen. Aber auch dafür gibt es in der Familie eine Lösung: Die Kinder werden erst mal von der Oma betreut. Die beiden verleben dort auch eine wunderbare Zeit, während ich alleine, von Schuld, Fieber und Husten geplagt, zu Hause sitze und meinen verlorenen Osterferien mit den Kleinen nachtrauere. Anscheinend sind sie echt schon groß. Sie vermissen mich null. Die kurzen Videoanrufe sind immer sehr schnell vorbei, weil die Kinder meistens wichtigere Dinge zu tun haben, wie beispielsweise mit ihrer Cousine zu spielen. Gut, dass niemand sieht, wie mir nach dem Auflegen ein paar Tränen über die Wange laufen. Ist ja niemand da. Außer dem Gerät zum Messen meiner Sauerstoffsättigung.

Nach sechs Tagen mit der Krankheit finde ich schön langsam, dass mein Sohn und meine Tochter zu mir zurückkehren könnten, weil ich auch etwas Angst habe, dass sie inzwischen eventuell neue Hosen bräuchten oder schon wieder etwas mehr oder weniger Zähne haben könnten. Oder schon die Pubertät. Ich rufe per Videoanruf an, und als ich ihnen mitteile, dass ich sie gerne nach zwölf Tagen Trennung wiedersehen würde, fängt meine Tochter bitterlich zu weinen an. Das ist jetzt sicher diese Vorpubertät, denke ich. »Ich will so gerne noch bei der Oma bleiben!«

Mein Sohn macht alles schlimmer, indem er mit einem übertrieben milden Ton, mit dem man vielleicht mit Besoffenen spricht, zu seiner Schwester sagt: »Aber geh, Vroni-lein. Die Mama ist doch auch ein lieber Mensch«, während er ihr den Arm tätschelt.

Meine Tochter schüttelt es, und die Oma versucht im Hintergrund tapfer, nicht mitzuweinen.

»Ich will ja nichts sagen, aber ich bin hier haarscharf nicht ins Krankenhaus eingewiesen worden, und habe euch ewig nicht gesehen, ich dachte irgendwie, ihr vermisst mich!«

Meine Tochter weint laut auf, und ich bin stark beleidigt. Vor allem, als mein Sohn sie umarmt und noch einmal sanft ansetzt: »Sie is okay. Wir können da auch eine gute Zeit haben.«

»Ich glaube, ihr spinnt's«, werde ich recht heiser laut. »Ich habe euch auf die Welt gebracht, ihr Knaller! Ich bin nicht ganz ok, ich bin eure Mutter! Ich habe euch geboren, gestillt und nächtelang rumgetragen. Ich bin krank. Ihr freut euch jetzt verdammt, wenn ihr mich wiederseht, weil ich euch hier schon total vermisse!«

Ich weine jetzt auch. Alle im Videocall weinen, außer Vroni 2. Der sagt vollkommen zusammenhangslos: »Supermama, Supermama, hey hey!« An solchen Fangesängen sieht ja eine Blinde, dass dem mein guter Einfluss fehlt!

»Gut, dann fahre ich die Kinder morgen zu dir«, schluchzt meine Mutter. Sie tippt meiner Tochter auf die Schulter und flüstert ihr ins Ohr, dass sie tapfer sein soll.

»Ich bin doch kein Monster«, schreie ich so heiser-laut, wie ich kann, und mein Sohn sagt grinsend: »Du schaust aber voll fertig aus, Mama!« Ich schaue auf mein Bild am Handy: Ja, ich schaue aus wie ein Gespenst.

»Wisst ihr was? Ihr bleibt noch bei der Oma, weil ich alleine sein mag!« Niemand protestiert, meine Tochter strahlt, und ich schiebe hinterher: »Und Vroni, wenn du dich am Sonntag nicht freust, mich zu sehen, üben wir nächste Woche jeden Abend Diktat!«

Ich lege auf und fühle mich – trotz der vielen guten vorgekochten Speisen in meinem Kühlschrank – sehr einsam auf dieser Welt. Grießnockerl sind halt keine Lebewesen. Und mit Knödeln kann man nicht wirklich kuscheln. Nicht mal die Katze war öfter als einmal am Tag zum Fressen da, seit die Kinder weg sind. Und meine eigenen Ableger haben nicht im Entferntesten Bock auf mich. Ich bin eine unsichtbare Generation. Hätte ich nicht so viele liebe Verwandte, die ich nicht geboren habe, wäre ich vermutlich irreversibel traurig. Und inzwischen verhungert.

Ein paar Tage später, ich bin noch schwach, zeigen sich meine Kinder doch so gnädig und beehren mich mit ihrer Anwesenheit.

»Mama, ich hab dich genauso vermisst wie unsere Katze«, verkündet meine Tochter.

Nett. Das ehrt mich doch, dass ich beliebt bin wie die Schmarotzerin, die nur zum Fressen kommt und ansonsten bei meiner Tante auf der Wohnzimmercouch kuschelt, und die letzte Woche einfach ihr großes Geschäft auf meinem Bett verrichtet hat. Da fühle ich mich jetzt aber gut. Fast geheilt quasi.

Mein erster Instinkt auf so eine Aussage ist natürlich Fernsehverbot, aber so werde ich wohl nie beliebter, immerhin scheint mein Erziehungsstil ja im Vergleich zu dem des Papas und dem der Oma etwas abzufallen, daher auch diese starke Unlust meiner Kinder, wieder bei mir im Haus zu wohnen. Das lasse ich aber nicht auf mir sitzen. Abends schauen wir also gemeinsam einen Film, weil ich beschließe, jetzt auch mehr zu erlauben. Das ist mein neues Ich nach COVID: koordiniert, vertrauenserweckend, total offen und kritikfähig. Die Kinder spüren meine guten Vorsätze, und wir kuscheln sogar ein wenig, weil es uns dann doch egal ist, ob irgendwer sich wieder anstecken könnte.

»Mama, ich bin jetzt ein Genesener, und deswegen mag ich meiner kranken armen Mama ein Bussi geben, wenn ich will. Wennst mich fragst, war das zu lang ohne dich«, sagt mein Sohn zum Thema Abstand halten und bekommt in Gedanken von mir bereits das volle Erbe zugesprochen.

Da schau her, er scheint mich doch zu mögen. Vielleicht ist es auch nur der Fernsehabend. Aber egal. Er und ich schlafen am nächsten Morgen ausnahmsweise noch mal aus, und mein Herz macht einen glücklichen Sprung, als ich seine kleine Hand, warm wie ein Grießnockerl, beim Aufwachen auf meiner Schulter spüre und er sagt: »Hab di lieb, Mama!« Das ganze Leben und alles, was dazugehört, in einem Satz, in einer Geste.

Plötzlich höre ich Tapser. Ich rechne mit irgendeiner Verwandten, die mal kurz nach dem Rechten schauen will, aber es ist meine Tochter. Mir war gar nicht aufgefallen, dass sie schon auf war, obwohl ihr Platz im Familienbett neben mir leer ist. Sie tappst etwas komisch, und als sie ins Zimmer biegt, sehe ich auch, warum: Sie trägt ein Tablett mit Kaffee, leicht verschüttet, meiner Schilddrüsentablette, einem Stück Petersilie in einer Vase und einem Schokopudding.

»Gab keine frischen Blumen«, sagt sie geschäftsmäßig und zeigt auf die Petersilie.

Ich weine wieder, lasse sie das Tablett hinstellen und kuschele sie und ihren Bruder fünf Minuten in Grund und Boden. Was bin ich nicht für ein Desaster als Mutter! Wie konnte ich nur denken, ich wäre ihnen nicht wichtig? Dabei müssen diese beiden armen Scheidungskinder doch so schnell erwachsen werden, weil mein Immunsystem so ein Schrott ist. Und ich eine egoistische Langschläferin! Kein Wunder, dass sie so gerne beim Papa und der Oma sind. Weil sie da noch mehr Kind sein können. Mein Selbstmitleid ist riesig. Ich kuschele, als gäbe es kein Morgen mehr.

Danach laufen die beiden, von meiner selbstkritischen Kuschelattacke positiv aufgeladen, zu ihrer Großtante nach nebenan zum Frühstücken, und ich beantworte ein paar Nachrichten auf meinem Handy, während ich den Kaffee trinke.

Als ich später aus dem Zimmer stolpere, falle ich über

ein Paar meiner Socken. Daneben liegt ein Zettel von Vroni: »Mama, bite räum deine Sokken auf!« Ich gehe zu meinem Schreibtisch, bessere die Rechtschreibfehler aus, male ein Herz dazu und lege ihr den Zettel auf ihren Schreibtisch. Vorpubertär, sagen die. Für mich ist die nicht vorpubertär. Die ist einfach fast fertig und schon so groß, die Kleine. Manchmal brauche ich sie emotional wohl schon mehr, als sie mich. Und trotzdem bin ich immer noch erziehungsbe-rechtigt. Ob sie will, oder nicht.

Warum kannst du das nicht?

»Mama, eine gute Nachricht, ich habe eine Drei!« Meine Tochter steht in der Tür und strahlt mich an. »Voll gut, oder?«

Durch meinen Kopf läuft binnen Sekunden ein Film, in dem ich bei fast jeder Deutscharbeit von der Grundschule bis zum Abitur von meinen Lehrerinnen gelobt werde. Ich sehe vor meinem inneren Auge, wie ich meine Aufsätze vorlesen darf, nach zehn Minuten Deutschproben mit null Fehlern abgebe und wie meine Leistungskursleiterin im Sommer 2002 sagt: »Eva, herzlichen Glückwunsch! Trotz der vielen Rechtschreibfehler immer noch das beste Lk-Ab-itur aller Schulen der Stadt!«

Und da steht jetzt meine achtjährige Tochter mit einer Drei in Deutsch, und ich muss sehr schwer durchatmen, um zu sagen: »Joa!«

Meine Tochter ignoriert meine fehlende Begeisterung für ihre Note, zieht ihre Schuhe aus und fragt, was es denn zum Essen gibt. Cool.

»Ich mache gleich Nudeln, weil ich bis gerade eben in einer Telefonkonferenz war«, entgegne ich schnell, und sie verschwindet in ihrem Zimmer. Eine Drei in Deutsch. Hatte ich das jemals? Ach ja, dieser eine Deutschlehrer in der achten Klasse, der dachte mal, ich wäre durchgefallen und hat mir plötzlich eine Drei gegeben. Als meine Mama dann beim Elternsprechtag protestierte, weil ich ja zuvor noch nie eine Drei in Deutsch hatte, sagte der zu ihr: »Wie kann denn die Eva bisher nur Einser in Deutsch gehabt haben? Sie ist doch durchgefallen!« Und als meine Mama ihm dann erklärt hat, dass ich lediglich den Zweig und damit die Klasse gewechselt hätte, da war es ihm unangenehm – und ich hatte wieder Einsen in Deutsch.

Aber ansonsten? Was hätte ich denn in der zweiten Klasse mit einer Drei in Deutsch so gemacht? Wo hätte ich mich hin entwickelt?

Ich gehe in die Küche, setze Wasser für die Nudeln auf und schicke meinem Ex-Mann eine Sprachnachricht: »Unser Kind hat eine Drei in Deutsch. In der zweiten Klasse.« Ich lege das Handy auf die Seite, nehme es aber sofort wieder, weil es mir keine Ruhe lässt. Ich schicke ihm eine zweite Sprachnachricht: »Und das Schlimmste ist: Sie denkt, dass das gut ist! Was mache ich denn jetzt mit ihr?«

Nudelwasser und Stimmung sind kurz vor dem Siedepunkt. Eine Drei in Deutsch … Lohnt es sich denn, wenn ich meine Tochter da noch stresse? Immerhin kommt ja der Klimawandel, und mit nur 0,5 Grad mehr können wir uns eine Zukunft eh abschreiben. Und wenn ich so sehe, wie alle ihre Osterferien mit sinnlosen Flügen nach Mallorca planen, dann denke ich, dass wir hier in Bayern vermutlich in zwei bis drei Jahren bei lebendigem Leib verbrennen werden.

Also, wozu sie noch stressen? Aber mal ehrlich: Wenn sie eine Drei in Deutsch hat, was kann sie eigentlich gut? In Mathe ist sie ja auch nicht besonders, und Heimat- und Sachkunde interessiert sie null. Nicht mal ihr Bild für den Kunstwettbewerb wurde für die Ausstellung in der Sparkasse ausgewählt, obwohl sie gerne malt. Ich schicke meinem Ex-Mann eine weitere Sprachnachricht, während ich die Nudeln ins kochende Wasser fallen lasse. »Wir hätten es machen sollen. Wir hätten sie auf die Montessori-Schule schicken sollen. Das ganze System, das ist nichts für sie!«

Als ich das kochende Wasser zurückschalte, höre ich Tapser auf der Treppe. Meine Tochter betritt den Raum vergnügt und mit ausschweifenden Armbewegungen, in ihrer rechten Hand hält sie einen Zettel. »Da, der Test! Du musst unterschreiben!«

Verdammt. Ich weiß immer noch nicht, wie ich jetzt reagieren soll, weil ich sie weder stressen noch unter Druck setzen will, aber ich bin einfach traurig, dass sie nicht so gut ist in Deutsch wie ich. So sehr traurig, dass ich es kaum verbergen kann. Und ist Authentizität nicht unfassbar wichtig in der Erziehung? Aber ist das auch richtig, wenn ich dadurch dann autoritär werde und sie zwinge, jeden Tag zehn Seiten in einem Buch zu lesen?

Ich schaue auf den Test. »Da ist ja alles richtig!«

»Jap!«

»Aber du hast immer ein paar Dinge vergessen!«

»Yo!«

Sie macht mich rasend mit ihren gut gelaunten kurzen Antworten. Was soll das?

»Meine liebe Tochter, du hast einfach immer Dinge vergessen. Du hast Endungen eingefügt, aber sie dann nicht umkreist – und jetzt fehlen dir wegen fehlenden Umkreisungen vier Punkte alleine bei der einen Aufgabe!« Ich bemühe mich so sehr, ruhig zu bleiben, dass meine Tochter lachen muss.

»Bist du grantig?«, fragt sie mich amüsiert.

Ich strecke beide Arme theatralisch zum Himmel und flehe nach oben: »Ob ich grantig bin? Wie kannst du dich denn über diesen Dreier freuen, mal ganz im Ernst? Du hast ja nur einen Dreier, weil du Fragenteile vergessen hast zu bearbeiten! Du hast nicht einen echten Fehler gemacht!«

»Sag ich doch – voll gut gelaufen!«

»Nein, weil du ja alles gewusst hättest, oder?«

»Jaaaaaahhaaa!« Meine Tochter antwortet auf meine dramatischen Ausführungen ironisch, laut und mit rollenden Augen.

»Ach, bin ich jetzt der Depp, weil ich sage, dass du eine Eins hättest haben können?«

»Ist doch scheißegal, Mama. Hauptsache, ich versteh's, oder?«

»Aber das Gefühl, einen Einser in Deutsch zu haben, ist unbezahlbar – und warum liest du dir die Angaben nicht gescheit durch?«

»Hab's halt vergessen!«

Das Nudelwasser kocht über. Meine Tochter lacht und verdreht schon wieder die Augen. »Mama, du hast das Nudelwasser vergessen.«

»Da möchte ich mal dein Nudelwasser später sehen, wenn du in der zweiten Klasse schon ein Drittel der Testfragen überliest!«

»Ich hab Hunger!«

Sie hat so viel nicht von mir. Von wem hat sie das nur

wieder geerbt? Diese für ihr Leben richtungsweisende Diskussion einfach mit einem derart banalen Bedürfnis wie Hunger abzukürzen – wo hat sie das nur wieder her?

Okay, ich brauche einen anderen Hebel. Meine Tochter legt sich auf unsere Eckbank und starrt die Decke an, während ich das Nudelchaos beseitige.

Wenig später sitzen wir bei nahrhaften Butternudeln am Tisch, und ich beginne noch einmal von vorne. »Weißt du, dass du sehr schlau bist?«

»Mmh.« Das ganze Gesicht meiner Tochter kaut einen Ball Nudeln und wirkt unfassbar uninteressiert.

»Ich will dich auch nicht stressen, sondern ich möchte, dass du positive Erlebnisse wegen Dingen hast, die du super kannst – wie eben zum Beispiel Sprache. Lesen und Schreiben. Dich ausdrücken!«

»K!«

Bitte? K? – Vermutlich täusche ich mich einfach und sie hat die Kommunikationsgabe von einer unbekannten sprachlosen Vorfahrin ihres Vaters geerbt. Von mir kommt diese Gesprächsverweigerung auf jeden Fall nicht.

»Weißt du was? Vergiss es!« Ich lehne mich zurück, lasse meine Gabel beleidigt in den Teller fallen und schaue meine mampfende Tochter an. Die schluckt.

»Alles gut, Mama! Reg dich nicht auf. Ich lese die Fragen in Zukunft besser.«

Täusche ich mich, oder behandelt sie mich gerade wie eine Deppin?

Nach dem Essen rufe ich meine Mama an und schildere ihr die prekäre Lage.

»Eine Drei? Tja.« Ich höre es schon an der Stimmlage meiner Mama, dass sie schadenfroh grinst.

»Boah Mama, ich wundere mich halt.«

»Liebe Eva, du hast mir deine ganze Schulzeit über zu verstehen gegeben, dass elterliche Einmischung in Schulnoten das Allerletzte ist. Was meinst du, wie oft ich mit dir versucht habe, über katastrophale Mathe-Noten zu sprechen – und im positivsten aller Fälle habe ich einen hysterischen Anfall von dir geerntet. Wenn deine Tochter jetzt also eine Drei hat, damit zufrieden ist und nicht mit dir darüber reden will, dann nimm das als Karma an.«

Was erzählt denn jetzt bitte meine tiefkatholische Mama von Karma?

Ich beschließe innerlich, dass sie mich alle mal gernhaben können. Meine desinteressierte Tochter genauso wie meine schadenfrohe Mutter und mein chronisch abwesender Ex-Mann. Ich habe ja einen Abschluss. Was rege ich mich eigentlich auf?

Später am Nachmittag ruft der Vater meiner Tochter dann endlich an. Schon als ich mich melde, höre ich, dass er lacht.

»Eva, dass ausgerechnet du bei einer Drei so ausflippst, 'tschuldige – aber das ist lustig. Bist du nicht die, die das System so sehr ablehnt?«

»Ich würde ihr halt nur wünschen, dass sie dieses Gefühl mal hat. Dieses Gefühl, dass man etwas super kann.«

»Aber sie kann doch vieles super. Und sie wird sich auch noch an Tests gewöhnen und wie man die macht. Beruhige dich doch.«

Ich rufe meine Tochter. »Papa ist am Telefon!«

»Hallo Papa!«

»Na? Was gibt es Neues?«

»Ich hab eine Drei in Deutsch.«

»Und? Bist du zufrieden?«

»Voll! Ich fang ja grad erst an mit den Noten.«

»Das ist doch schön, wenn du dich gut fühlst.«

Ich gehe aus dem Raum und schaue lange in den Spiegel im Flur. Was ist nur aus mir geworden? Was würde denn bitte mein sechzehnjähriges Ich zu dieser hysterischen Mutter sagen, die bei einer ganz normalen Note einer Achtjährigen so einen Notstand ausruft?

»Mama?« Keine Ahnung, wie lange ich da so gestanden habe, aber meine Tochter betritt den Raum. »Wo ist eigentlich Vroni 2? Musst du den nicht holen?«

»Shit!« Schon wieder zu spät am Kindergarten.

Eine Viertelstunde später bin ich mit meinem Sohn wieder zu Hause. Er wirft seine Schuhe durch die Gegend, geht ins Wohnzimmer und begrüßt seine Schwester. Die beiden beginnen, sich halblaut zu unterhalten.

Vroni 2 sagt: »Die Mama hat heute wieder richtig Anschiss bekommen im Kindergarten. Ich bin schon ewig angezogen gewesen und hab auf sie gewartet.«

»Ja, bei mir ist sie voll durchgedreht, weil ich einen Dreier in Deutsch habe.«

»Ein Dreier ist keine sehr gute Note, aber es ist okay.«

»Sehe ich auch so!«

»Die Mama ist gestresst, finde ich«, fasst mein Sohn die Lage zusammen.

»Die vergisst alles«, kommt ausgerechnet von meiner Tochter. »Gestern hab ich den Autoschlüssel im Kühlschrank gefunden!«

»Wie krass. Aber sie ist so verwirrt. Meine Sportschuhe hat sie in den Papiermüll geworfen.«

Beide Kinder lachen. Über mich.

»Sie ist so verplant, noch verplanter als ich«, ruft meine Tochter.

Gerade will ich zu den beiden ins Wohnzimmer gehen, als mein Handy klingelt. Es ist die Rektorin der Grundschule.

»Frau Karl Faltermeier, warum haben Sie denn Ihren Sohn nicht eingeschrieben?«

»Wo?«

»In die Schule? Der Zeitraum war von Montag bis gestern.«

»Wo stand das denn?«

»Auf dem Zettel zur Schuleinschreibung. Da stand alles genau drauf!«

Natürlich! Auf einem Zettel. Weil wir ja sonst nie Zettel bekommen ...

»Das war Absicht«, lüge ich.

»Bitte? Das verstehe ich jetzt nicht.«

»Schule ist einfach ein furchtbares System und ich zweifle es grundsätzlich an, müssen Sie wissen.«

»Frau Karl Faltermeier, es herrscht Schulpflicht!«

»Dann müssen Sie uns halt mit dem Polizeiauto zur Einschreibung abholen. Fänden wir eh spannend!« Ich lege auf und schalte mein Handy aus. Ja, mein sechzehnjähriges Ich wäre jetzt wieder sehr stolz auf mich gewesen.

Ich gehe nun tatsächlich zu meinen Kindern ins Wohnzimmer. Sie liegen beide am Boden und malen.

»Wisst ihr was? Scheiß auf Schule!«, sage ich.

Sie schauen mich beide aus kleinen Augen an, als müssten sie erst mal überlegen, ob ich das ernst meine.

»Na ja, Mama. So kann man das jetzt auch nicht sagen. Schule ist schon wichtig«, weist mich Vroni 2 zurecht.

»Nur die Noten, die darf man nicht so wichtig nehmen«, ergänzt meine Tochter.

Mit Tränen in den Augen setze ich mich vor ihnen in den Schneidersitz. Die Einzige, die hier noch sehr viel lernen muss, das bin scheinbar ich.

Okay, ich habe vergessen, dich abzuholen

Für viele Eltern ist sie identitätsstiftend: die Art – also Kunst – des Kinderabholens. Fährt das Kind ganz ordinär mit dem Schulbus, oder, noch schlimmer: mit den öffentlichen Verkehrsmitteln? Kann das Kind zu Fuß gehen? Kann es mit dem Fahrrad fahren? Wird es zu Fuß oder mit dem Fahrrad von der besorgten Erziehungsperson abgeholt? Oder kommt das Elternteil oder das Au-pair gleich mit einem Auto oder SUV zur Abholung?

Es ließen sich vor Schulen anhand der Abhol- und Parkplatzsituation fundierte Sozialstudien machen, wenn es nicht so leicht creepy wäre, sich zur Abhol- und Bringzeit vor Schulen mit einem Notizblock und einem Fotoapparat aufzuhalten.

Die Schlachtschiff-Atmosphäre von besseren Wohngegenden mit SUV-Abholkette vor den Schulen war schon Gegenstand vieler Kabarettprogramme und spitzzüngiger Zeitungsartikel, und das Gefühl, alleine 300 Meter nach der Schule nach Hause zu gehen, ist an Freiheitsgefühl kaum mehr zu überbieten im Leben. In der Grundschule, weil man sich gegenseitig mit Juckpulver ärgern kann. Später, weil so ein Heimweg genau auf eine Zigarette passt.

Und wenn man an manche Müttertrauben vor Schulen vorbeigeht, verspürt man im Nebel des Parfum-Dieselgemischs ganz leicht deren existenzielles Credo, das in der Luft steht wie Teenager-Schweiß in einem Klassenzimmer: Ich hole ab, also bin ich.

Nun kann es – für viele Eltern ist das unvorstellbar, aber für uns als Desaster-Eltern eben nicht – jedoch passieren, dass genau dieser wichtige identitätsstiftende Abholprozess von manchen Vätern und Müttern als Last wahrgenommen wird. Ich bin so eine Mutter. Ich empfinde es als haarsträubende Zusatzbelastung, dass ich nach Arbeit oder Telefonkonferenz mit dem Auto oder dem Fahrrad mehrere hundert Verkehrsregeln brechen muss, um mein Kind innerhalb der gebuchten Zeit von Kindergarten, Schule oder Krippe abzuholen. Weil meine Kolleginnen oder der Interviewpartner oder die Journalistin oder, oder, oder oft nicht zu hundert Prozent Rücksicht nehmen auf meine gebuchten Abholzeiten und die drei Baustellen und vier gesperrten Straßen bis zum Kindergarten. Allein mein Körper, meine Fahrskills und mein auf Extremsituationen getrimmtes Mutterhirn sind es, die mich diesen Druck zwischen Arbeitssituation und Abholung überhaupt standhalten lassen. Mit dem Puls einer Stuntfrau aus *The Fast and the Furious* erreiche ich exakt drei Minuten nach der Abholzeit das entsprechende Gebäude und finde mein Kind vor, das ganz alleine im aufgeräumten Gruppenraum auf einem Miniaturstuhl sitzt und auf mich wartet. Auf mich. Die letzte Mutter.

Zur Belohnung darf ich dann meinem Kind noch bei dem zeremoniellen Akt des Ankleidens zuschauen. Wie es gedankenverloren in Zeitlupe die Hausschuhe auszieht, mir zwischen den einzelnen Ankleidungsschritten immer wieder selbst gemalte Bilder zeigt und wie es versehentlich die Straßenschuhe wieder auszieht, weil es vergessen hat, dass es nicht die Hausschuhe sind. Und weil kurz nicht klar war, dass wir gehen, nicht kommen. Weil Kindergehirne manchmal anders ticken.

Und weil ich natürlich von der Arbeit und dem Abholsprint ebenfalls komplett am Ende bin, fallen mir manche Fehler auch nicht auf. Und so gehen wir nach zwanzig-, dreißigminütiger Anziehzeit unter den beleidigten Blicken der restlichen Anwesenden ohne Kindergartentasche und dafür mit zwei Freundebüchern und zwanzig selbst gemalten Bildern aus dem Gebäude.

Was für eine schlauchende, ermattende Prozedur ... Wer will das schon?

Umso erfrischender ist es, sich kleine Inseln der Erholung in diese tägliche Abfolge des strukturellen Wahnsinns zu bauen. Das bewusste Vergessen des Kindes. Während Achtsamkeitsratgeber fälschlicherweise oft ein ständiges Präsentsein als höchstes Ziel vermitteln, möchte ich davon dringend abraten. Durch nichts erholt sich das Gehirn einer überarbeiteten und durchgetakteten erziehungsberechtigten Person besser, als durch das bewusste Abwesend-Sein im Moment.

Ich habe meine Kinder von Kita, Kiga und Schule nicht abgeholt. Ich habe sie beim Vater vergessen oder bei Freundinnen. Ich habe meine Kinder schon einmal zwei Tage zu spät bei den Großeltern abgeholt, und ein anderes Mal habe ich meinen Sohn sogar beim Eiswagen vergessen, da mich anscheinend meine Kugel Zimteis so sehr in Anspruch genommen hat, dass für meinen Sohn keine Kapazitäten mehr übrig waren.

Natürlich vernachlässige ich meine Kinder nicht und will auch gar nicht dazu aufrufen, aber wenn man sie gut betreut weiß, darf man sich als Eltern auch mal den Luxus gönnen, nicht ganz anwesend zu sein, geistig. Wann hat man diese Chance schon? Und wo sind Kinder besser aufgehoben als vor einem klingelnden weißen VW-Bus, der durch Dörfer fährt und Kinder anlocken will? Also den Eiswagen meine ich …

Man könnte ja meinen, dass im ersten Moment alle sauer sind, wenn die Mutter das Kind nicht abholt. Doch das Gegenteil ist der Fall. Wenn man das Abholen nur lange genug vergisst, gibt es genau drei Szenarien, die der Mutter immer und zu jeder Zeit entgegenkommen:

Szenario 1: Das Kind lebt sich bei den jeweiligen Betreuungspersonen tadellos ein. Das kann dann die eine Lehrerin im Hort sein, die länger bleibt, oder die Familie des besten Freundes des Sohns oder die Oma.

Dieses Szenario erkennt die zu spät kommende Mama immer an dem Ausruf: »Ach, du bist schon da? Jetzt haben wir zur Überbrückung angefangen, ein Spiel zu spielen. Schade, dass du schon da bist!« Dieser Ausruf kann auch drei bis vier Tage nach dem eigentlich vereinbarten Abholtermin erfolgen. Manchmal haben Kinder dann ganz neue Fähigkeiten. Nach einem Vergessen bei der Oma konnte meine Tochter plötzlich Schuhe putzen – ein Skill, der bei uns im Haus noch häufig zum Einsatz kommt.

Szenario 2: Die Betreuungspersonen sind so genervt von dem Vergessen des Kindes, dass sie das Abholen in die eigene Hand nehmen und das Kind nach Hause fahren. Das ist der absolute Glücksfall und funktioniert besonders gut, wenn zum Beispiel die Erzieherin neben der vergessenden Mutter wohnt. Mit einem Prosecco zum Dank kann man das unangenehme Schweigen schnell positiv auflösen.

Szenario 3: Die Betreuungspersonen sind so besorgt, dass etwas passiert sein könnte, dass sie das wahre Glück ausstrahlen, wenn man dann doch endlich zum Abholen auftaucht. Für das zu spät erscheinende Elternteil hat dies zudem den Vorteil, dass man sich sofort wertgeschätzt und geliebt fühlt, denn immerhin scheint es die Hortleitung und das eigene Kind zu interessieren, ob man noch am Leben ist oder nicht. Wo bekommt man als Mutter oder Vater sonst noch so viel Zuspruch im Alltag?

Um beim Kind eventuelle Verlustängste zu verhindern, empfehle ich, einfach nicht weiter auf den Vorfall einzugehen. Nur wer sich entschuldigt, hat etwas falsch gemacht. Sollte es doch zu einer unangenehmen Aussprache zwischen der Betreuungsperson und der Erziehungsberechtigten kommen, kann man auch eine falsche Fährte legen: »Ach, ich hatte doch einen Zettel mitgegeben, dass es heute länger dauert. Kam der nicht an?« Oder: »Hast du der Oma gar nicht gesagt, dass es drei Tage sind, nicht zwei?«

Das Wichtigste für Kinder ist doch, dass Eltern Sicherheit und Geborgenheit ausstrahlen. Wenn man selbst mit absoluter Sicherheit vermittelt, dass man das Kind nicht vergessen hat, sondern nur im Ablauf etwas schiefging, haben am Schluss alle ein schlechtes Gewissen – außer das beteiligte Elternteil.

Und das bringt – wohldosiert im Alltag eingesetzt – die Entspannung zum ansonsten hart durchgetakteten Lifestyle junger Eltern, in denen sie immer und zu jeder Zeit ein schlechtes Gewissen haben. Gegenüber den Kindern, dem Partner oder der Partnerin und gegenüber der Arbeit. Ein Prosit also auf das Vergessen. In Maßen zelebriert, ist es das Wellness, das gestresste Eltern wirklich brauchen.

Eigenverantwortung Hausaufgabe

»Eva, deine Kinder beschweren sich, dass sie morgens so viel alleine machen müssen, weil du nicht aufstehst!«

»Vielleicht wollen sie statt mir bis zwei Uhr morgens Texte schreiben oder Gags, um unser Überleben zu sichern. Vielleicht wollen sie auch abends die Steuern machen oder auf der Bühne stehen, denn dann könnte ich aufstehen und für sie in die Schule gehen.«

Das Thema ist in meinem Leben und in meinen Texten ein immer wiederkehrendes: Ich schaffe es nicht gut, früh aufzustehen. Tagsüber Haushalt, Kinderzeug, Telefonate, Interviews und Zoom-Calls, abends für Ruhe sorgen, aufräumen oder ein Auftritt. Und ab zweiundzwanzig Uhr dann: endlich Zeit, um kreativ zu sein. Also nicht im Sinne von »Ich bastle jetzt mit FIMO-Kreativ-Set«, sondern es geht um kreative Jobs zum Zahlen unserer Gasrechnung. Oder um Bürosachen. Nach so einer Nachtschicht finde ich schlecht in den Schlaf – und jeden Abend ein Gute-Nacht-Likörchen, das habe ich schon erwogen, aber das würde doch bei täglichem Gebrauch im wahrsten Sinne des Wortes das nächste Fass aufmachen. Auch CBD, Melatonin, Lesen und Meditation habe ich schon ausprobiert, aber das haut alles nicht hin. Ich liege von ein Uhr bis zwei Uhr hellwach im Bett und denke über die letzten Zeilen nach, die ich verfasst habe. Und werde nervös, weil der Morgen naht. Hand aufs Herz: Ich kann ja schon mit acht Stunden Schlaf schlecht aufstehen – wie dann erst mit vier?

Meine Kinder sind daher relativ selbstständig. Ich schlafwandle zwar oft um sie herum, frage Dinge wie: »Hast du alles? Brauchst du noch was?« und gebe Abschiedsbussi, aber sie verrichten sich morgens zu großen Teilen selbst. Die Erfahrung von Tagen, an denen ich unerwartet früh wach war, zeigt auch, dass sie nur mehr trödeln und erzählen und rumhopsen, wenn ich voll und ganz anwesend und ihnen zugewandt bin. Vermutlich entlastet sie das einfach. Kann schon sein. Und immer, wenn ich mir aus alldem ein schlechtes Gewissen bastle und mich innerlich selbst geißel, spreche ich mit Lisa, einer meiner Freundinnen, und die sagt dann so Sachen wie: »Bei uns bringt mein Mann die Kinder in den Kindergarten und die Schule. Immer schon. Weil ich morgens alle hasse. Ich hab mich aber nur morgens nicht im Griff. Und da ich ja die Schwangerschaften und Geburten von drei Kindern erledigt habe – und das Stillen –, darf er ruhig auch mal seinen Job machen!«

Und ich sitze da mit dem Handy am Ohr und denke mir: OMG – same!

Ich wollte nie so enden wie Steffi, die ihre zwei Kinder in einem Lastenrad spazieren fährt, während ihr Mann vorne auf seinem Mountainbike grinst und strahlt wie ein Gockel. Mein Mann, als er noch mein Mann war und nicht mein Ex-Mann, sollte sich auch einbringen in das, was das Familienleben so alles mit sich bringt. Überall die Hälfte! Und die Hälfte meines Mannes war in der Wäschekammer und halt eher morgens. Ich war dafür in der Küche und eher abends im Einsatz. Ich war auch mehr als froh. Denn, seien wir mal ehrlich: Wenn man einen Mann kennenlernt, zum Beispiel in einer Disco oder haubitzenvoll auf einer Gartenparty, dann weiß man ja nicht sofort, ob der Typ jetzt später bereit ist, die Hälfte der Care-Arbeit zu übernehmen. Klar, manche schauen sich das eine Zeit lang an, aber es passiert eben immer noch, dass Kinder einfach ungeplant kommen. Und dann stellt sich heraus, dass der Typ weiter gerne nach dem Kartenspielen mit den Jungs in eine Kneipe geht, während du daheim zum achtzigsten Mal »Weißt du, wie viel Sternlein stehen?« singst. Und leider denkt er auch nicht daran, dass er das mal ändern könnte. Und von daher war ich wirklich froh, dass unsere Aufteilung so gut funktioniert hat daheim. Ich kann meine Freundin und ihren Mann mit dieser Morgenregelung vollumfassend verstehen.

Nur, dass halt mein Mann dann plötzlich weg war. Aber auch alleinerziehend bin ich immer noch dieselbe. Also sehr müde. Gott sei Dank haben meine Freundinnen und ich uns einen schönen Ausdruck überlegt, wie wir unsere bodenlose Schläfrigkeit schönreden können. Wir nennen es »Erziehung zur Selbstständigkeit«!

Wir rümpfen ziemlich offensiv die Nase über alle, die ihren Kindern Klamotten rauslegen und sich um sechs Uhr morgens hochpushen, um sie da reinzubitten. Unsere Kinder sollen ins Bett gehen, wenn sie müde sind, und aufstehen, wenn der Wecker klingelt. Pausenbrot ist vorhanden, Klamotten auch. Abschiedsbussi bekommen sie von der schläfrigen Geistgestalt im Schlafanzug, die im Halbschlaf auf der Treppe sitzt. Reicht doch.

Diese Eigenverantwortung finde ich überall voll super. Ich kontrolliere keine Hausaufgaben, übe nicht extra für

Probearbeiten mit den Kindern und frage nicht dauernd, was sie gerade durchnehmen. Ich war ja selbst in der Grundschule. Irgendwas werden sie schon durchnehmen. Es ist doch eh nur etwas wert, das Ganze, wenn man es selbst will. Wenn man selbst Zimmer aufräumen will, von sich aus lernen und ganz von alleine die Hausaufgaben ordentlich machen will. »Wenn ich ihnen da zu viel helfe, dann werden die doch lebensunfähig«, sage ich zu meiner Freundin Lisa, und die schreit: »Ja, eh – total!« in mein Ohr. Ich liebe Lisa dafür, dass wir uns so einig sind. Und mit ihr kann ich auch gut telefonieren, weil nicht alle zwei Minuten ein Kind ohne Eigenverantwortung unser Gespräch mit einem Bedürfnis unterbricht. Es gibt Freundinnen, die brauchen für eine Mini-WhatsApp einen halben Tag, weil sie nonstop von den Kindern belagert werden. Meine Kinder haben schon vollkommen aufgegeben, mich zu belagern. Sie erwarten von mir eigentlich nur noch, dass ich hin und wieder sage, wann sie zu Hause sein sollen.

Gestern legt mir meine Tochter ein weißes Heft hin.

»Was ist das? Eine Hausaufgabe?« Ich würde eine Hausaufgabe nicht einmal erkennen, wenn mein Leben davon abhinge. Immerhin umgehe ich sie ja bereits seit der siebten Klasse weiträumig.

»Das ist das Korrespondenzbuch. Frau Schmidt hat dir da was reingeschrieben!«

Ich lese, dass ich schreiben muss, dass ich mit einem Besuch in der Bücherei einverstanden bin. Klar, bin ich einverstanden. Ich schreibe also: »Klar, da bin ich einverstanden!« und unterschreibe das Ganze. Meine Tochter löst sich wieder in Luft auf, und ich kann ein wenig Kaffee trinken.

Das Telefon klingelt: Steffi. »Eva – ich kann nicht mehr.

Die Hausaufgaben in Mathe waren heute so falsch, dass ich sie zerknüllt habe. Und danach gebügelt.«

»Kann man das?« Ich habe auch von Bügeleisen wirklich null Ahnung. Ich weiß, dass manche dampfen, aber das ist es auch schon. Wenn meine Mama zu Besuch kommt, stelle ich die Bügelwäsche ganz ungeschickt mitten in den Raum und das Bügelbrett daneben und warte, was passiert.

»Ja, und ob das geht. Eva, aber das ist nicht alles! Ich muss mich jetzt echt abregen, ich bin so auf hunderttausend!« Ich lasse Steffi etwas atmen und grinse in mich hinein. Ihr Kampf mit der Klassenlehrerin hat für mich etwas von einer Soap. »Es ist wegen der Klassenlehrerin!«

»Nein! Damit hab ich nicht gerechnet!«

»Eva, ich höre Sarkasmus – ich bin nicht blöd. Moment …« Steffi hält die Muschel zu. Sie gehört zu den Freundinnen, die nicht ohne Unterbrechung telefonieren können. »So, bin wieder da! Also, heute gab es die Heimat- und Sachunterrichtsprobe zurück!«

»Und?« Ich bin so gespannt, was kommt. Ich feixe so stark, dass ich als Übersprungshandlung einen Schluck Kaffee nehme und mich verschlucke.

»Eva?«

Ich ersticke fast und wäre sehr dankbar gewesen, wenn jetzt mal eines meiner unabhängigen Kinder vorbeidiffundiert wäre, um mich zu retten. Aber nein. Ich huste und spucke mehrere Minuten lang. Und dann herrscht Schweigen in der Leitung.

»Kann ich's jetzt erzählen?«

»Klar, schieß los«, krächze ich, während mir Tränen über die Wange laufen.

»Eva, du wirst es nicht glauben … Die hat Rechtschreibfehler gezählt! Ich hole jetzt den Anwalt. Das geht doch nicht! In HSU, was kommt denn noch? Stepptanz in Religion auf Note?«

»Why not?«

»Ich kann mit dir nicht reden, wenn du so sarkastisch bist!«

»'tschuldige. Was hat sie denn?«

»Eine Zwei.«

»Steffi, eine Zwei – das ist tipptopp. Beruhige dich doch!«

»Nein, ich will mein Recht!«

Okay. Ich lasse das Gespräch mit Steffi ausklingen. Und bin mir sicher, dass ich ohne Einmischung in die Schulsachen meiner Tochter weniger schnell sterbe. Weil ich mich nicht aufrege.

Meine sehr selbstständige Tochter legt mir am nächsten Tag wieder das Korrespondenzheft vor. Sie grinst.

»Alte, willst du mich verarschen? Das Heft sehe ich erst Monate nicht und dann plötzlich an zwei Tagen hintereinander. Ist da was faul? Hast du was ausgefressen?«

»Ich nicht, aber du!«

Hä? Ich schaue in das Heft und sehe, dass mir die Klassenleiterin meiner Tochter meine Sauklaue von einer Handschrift mit rotem Füller in die vereinfachte Ausgangsschrift nachgefahren hat. Alles ist plötzlich so lesbar. Außerdem steht da plötzlich: »Klar, daMIT bin ich einverstanden!«

»Vroni, kann das sein, dass mir deine Klassenleiterin meine Einverständniserklärung korrigiert hat?«

Meine sehr selbstständige Tochter nickt voller Schadenfreude und lacht mich minutenlang aus.

Okay, das reicht. Ich melde mich für die nächste Sprechstunde bei der Klassenleiterin an. Eigentlich sollte sich um

so pädagogischen Besprechungskram mein Ex-Mann kümmern, immerhin ist er Lehrer, aber ich wurde hier deutlich
angegriffen, also mache ich mal eine Ausnahme.

Zwei Tage später sitze ich im Lehrerzimmer der Grundschule Frau Schmidt gegenüber. Sie schaut mich freundlich
an, trägt einen karierten Blazer und einen blonden Bob.
»So, dann sprechen wir mal über die Vroni.«
»Moment, Frau Schmidt, ich bin eigentlich nicht wegen
der Vroni hier. Ich finde es aber eine Frechheit, wenn Sie
mich vor meiner Tochter in Ihrem Korrespondenzheft korrigieren, wie stehe ich denn dann da? Frau Schmidt, ich
habe Germanistik studiert. Wenn es bei mir grammatika-
lisch mal nicht so rund ist, dann ist das ein Stilmittel!«
Ich schnaube, Frau Schmidt grinst immer noch freundlich. »Frau Karl Faltermeier, ich wollte einfach mal sehen,
wie weit ich gehen muss, um Ihre Aufmerksamkeit auf die
Schullaufbahn Ihrer Tochter zu lenken. Wenn Sie mal etwas mehr Interesse zeigen für die verlorenen Dinge, die ver-
legten Proben, die vergessenen Hausaufgaben und das ewige
Zuspätkommen, dann korrigiere ich Sie nie wieder. Sie scheinen ja noch aus Schulzeiten ein Trauma zu haben!«
»Ich hasse Schule!«, sage ich und klinge wie eine Sech-
zehnjährige kurz vor dem Schulabbruch. Dann muss ich
grinsen. »Und ich hasse es, wenn Lehrerinnen recht haben.
Ich war mit einem Lehrer verheiratet, müssen Sie wissen,
wir sind geschieden!«
Frau Schmidt nickt sanft.
Im weiteren Gespräch stellt sich dann heraus, dass Vroni
doch nicht so selbstständig ist. »Irgendwie wirkt sie manchmal verloren. Als wäre sie überfordert!«

Ich fühle mich wie an dem Tag, an dem meinem Sohn bei seiner Taufe in der Kirche die Windel übergelaufen ist. Tagelang hatten wir auf seinen Stuhlgang gewartet. Immerhin war es nach dem Halten über das Taufbecken. Immerhin. Aber in dem Moment wusste ich: Egal was ich jetzt mache, das wird nicht zu verheimlichen sein. Und auch hat es keinen Zweck mehr. Die Katastrophe ist da. Natürlich fange ich in diesem Moment zu weinen an, und natürlich bemerkt Frau Schmidt, dass hier nur eine überfordert ist, und das bin ich.

»Frau Karl Faltermeier – wir bekommen das hin. Wir machen das mit dem Korrespondenzheft. Und dann schaukeln wir das Kind in die dritte Klasse.«

Ich nicke und fühle mich wie ein riesiger Depp. Trotzdem muss ich aber noch kurz Luft holen, um eine Sache hinzuzufügen – aber Frau Schmidt ahnt es eh schon. Ganz milde sagt sie: »Nein, keine Angst. Ich korrigiere Sie nicht mehr. Ich will doch nur Ihre Aufmerksamkeit. Und Ihre Tochter, die will die auch.«

Abends rufe ich meine Freundin Lisa an. Die mit der Unabhängigkeit.

»Du, ich fahr jetzt ein anderes System!«

»Was?«

»Ich werde mich jetzt mehr in die Schule einbringen!«

»Bist du besoffen?«

»Nee, eigentlich ganz klar. Ich befürchte fast, die Unabhängigkeit, die muss man den Kindern dann geben, wenn sie sie unbedingt wollen. Und das dauert noch. Vorher ist das vielleicht wirklich falsch.«

Ich beende das Gespräch schnell, schleiche mich in das

Zimmer meiner Tochter, hole das Korrespondenzheft aus der Schultasche und schreibe im Halbdunkel sehr groß »Danke« in das Heft.

Alle meine Hobbys

Wenn man Kinder hat, wirft man jeden Tag einen alten Glaubenssatz über Bord. Früher wollte ich immer eher eine Hippie-Mama werden, die einen ganz natürlichen und sanften Umgang mit den Kindern hat. Das war vor dem ersten Kind. Danach dachte ich mir, dass es voll super wäre, wenn ich es zumindest schaffe, nicht zu schimpfen, zu erpressen, zu lügen. Und ja – natürlich ist das inzwischen alles Geschichte. Wer das Buch bis hierher gelesen hat, der oder die weiß, dass meine Überzeugung und mein Handeln oft diametral unterschiedlich sind. Nie wollte ich mich für die Schule meiner Tochter interessieren. Und jetzt kontrolliere ich doch die Hausaufgaben.

Und das geht immer weiter. Es ist eine ständige Entwicklung. Und ständig gibt es die gleichen Hürden. Bei mir Müdigkeit, bei meiner Tochter Ungeschicktheit und bei meinem Sohn Wut. Nein, es stoppt nie. Obwohl man denken würde, es wäre jetzt mal kurz gut. Aber nein. Genau dann kommt wieder eine Belastungsprobe für die eigenen Ideale. Meine Tochter hat zum Beispiel gerade Sushi im Wert von 30 Euro in die Mischung aus Katzenhaar und alten Bröseln geworfen, die unseren Küchenfußboden ständig bedeckt, wie eine hauchfeine Panadeschicht. Mein unabhängiges und idealistisches Ich hätte vor den Kindern gesagt, dass das kein Problem ist, weil man Liefer-Sushi mit der Umweltsau Avocado, dem problematischen Zuchtlachs, dem CO_2-Killer Reis und der Plastikverpackung eh umgehen sollte. Meine Tochter hätte für mein altes Ich vermutlich noch eine heroische Tat vollbracht. Mein altes Ich hätte gelacht beim Chaos und es idealisiert: der symbolische Sushi-Sturz im Landkreis Regensburg – zum Wohle regionaler Produkte ohne Plastikverpackung.

Als junge Mutter hätte ich meine Wut unterdrückt und versucht, dem Kind kein schlechtes Gefühl zu geben. Immerhin sind Kinder ja nicht bösartig tollpatschig.

Mein verheiratetes Ich mit älteren Kindern hätte gewartet, bis mein Mann geschimpft hätte und wäre dann als Good Cop eingestiegen.

Aber ich, als überforderte Alleinerziehende, die sich tagelang auf das Sushi gefreut hatte, weil sie über eine Woche krank zu Hause gesessen hat und außerhalb des Lieferando-Lieferservice-Bereichs wohnt, ich habe leider die Fassung verloren. Meine Freundin Kathrin hat mir das Sushi tatsächlich extra vorbeigefahren, weil ich so elend beieinander war, und ich hatte den ganzen Tag aufs Abendessen gewartet, bis ich das Sushi endlich genießen konnte, weil langsam der Appetit wieder zurückkehrte. Und dann das!

»Alter, Vroni, hast du jetzt das Sushi runtergeworfen?«

»Upsi!«

»Upsi! Wenn ich das schon wieder höre! Das ist sündhaft teures Essen, dafür musste ein Lachs sterben, das gönne ich mir so selten – und du, du musst es natürlich aus dem Kühlschrank reißen, weil du es unbedingt auch essen willst, obwohl du weißt, dass das ein Geschenk für mich ist, weil ich krank bin!«

Klar fühle ich mich gerade wie eine keifende Zwölfjährige, aber ich trauere einfach wirklich um das Essen. Ich kann sehr, sehr stark um Essen trauern. Und ich sehe nicht ein, das zu verbergen, so wie ich es früher gemacht hätte. Ich stehe zu meiner Trauer und bin – ganz authentisch – eine sauwütende Mutter.

»Tut mir leid!«

Drauf gepfiffen. Ich zeige meiner Tochter noch stundenlang die kalte Schulter. So ein Bullshit alles.

Natürlich würde mein Vor-Kind-Ich jetzt auf diese Szene zurückblicken und sagen: »Eva, wie kann man sich nur so sehr selbst verraten. Wie passiv-aggressiv und unsouverän kann man sein als Mutter?« Und ich sehe das ja auch so. Aber ich würde ihm auch sagen, dass es keine Ahnung hat, wie man sich persönlich, politisch, gesellschaftlich und in Bezug auf die Einstellung ändern kann, wenn man erst mal Kinder hat. Kinder können Hässliches aus Menschen herauskitzeln – und klar ist man immer selbst schuld, gerade als Erwachsene. Aber man weiß auch nicht, zu was man fähig ist, bevor man einmal so undifferenziert liebt. Und bevor man durch die Kombi aus Liebe und Erziehungsberechtigung so richtig brutal überfordert ist. Denn in der Überforderung liegen sie: die Erziehungsentscheidungen, auf die man so gar nicht stolz ist.

Immerhin gebe ich nach so einem pädagogischen Tiefschlag bei meinen Kindern mein Versagen offen zu. Heute, beim Sushi, war es ein gegrummeltes: »Putz die einzelnen Sushis mal alle ab, und dann schauen wir, was man noch essen kann« als kommunikative Brücke zu meiner Tochter. Eine Stunde später haben wir schon wieder normal gesprochen, auch über meinen Komplettausstieg. Ich bin ja noch nicht ganz verloren. Ich bin halt nur teilweise nicht mehr so idealistisch wie früher.

Natürlich halte ich weiter an bestimmten Idealen fest. Nein, damit meine ich nicht das Einschlafritual. Das machen wir nur noch, kurz bevor ich auf Tour gehe, wenn ich ein schlechtes Gewissen habe, weil ich die beiden Süßen lange nicht sehen werde. Dann lesen wir zwei Tage vorher abends etwas vor und beten.

Mit »Idealen« meine ich so etwas wie, dass ich auch als Erwachsene lache, wenn jemand die Treppe runterfällt oder ein Eis aus der Waffel auf den Boden klatscht. So war ich schon immer. Schadenfrohe Slapstick-Freundin. Das haben mir die Kinder nicht kaputtgemacht. Außerdem bin ich – so wie früher – der Meinung, dass Kinder nicht so viele Hobbys brauchen. Eigentlich brauchen Kinder überhaupt keine Hobbys. Kinder sollen spielen.

Ich habe auch die Zeit nicht, um sie zu den Hobbys zu fahren. Schlimm genug, dass ich meine Tochter einmal die Woche zur Ergotherapie fahren muss, weil sie ein wenig kreativer ist beim Konzentrieren als andere. Dazu kommt noch das Fußballtraining meines Sohnes, das wollte der Papa unbedingt so. Immerhin würde ihm das sehr viel Teamgeist mitgeben auf seinen Lebensweg, meinte er. Meine Tochter wollte dann auch Fußball spielen, weil sie sich so gut mit den Jungs aus dem Team versteht. Als dann aber klar war, dass sie für die Spiele der G-Jugend zu alt ist, hat sie auf ein Training mit der F-Jugend bestanden. Dann das eben auch noch. Zum Basteln und zum Chor gehen die Kinder zu Fuß, das zählt ja dann nicht. Wenn mich was nervt, dann eigentlich nur, dass der Ballettunterricht meiner Tochter in Regensburg ist und ich einfach gleich eine halbe Stunde fahren muss. Aber das ist egal, weil Vroni 2 jetzt ebenfalls Ballett tanzt, da rentiert es sich gleich mehr.

Musikalische Förderung zum Beispiel schenken wir uns – bis auf den Chor – komplett. Mehr als Fangesänge im Stadion, wenn der SSV Jahn Regensburg ein Heimspiel hat, gibt es bei uns nicht. Aber bei den Heimspielen sind wir immer da. Und wegen der Musik: Blöd, dass wir ein Klavier geschenkt bekommen haben, weil sie dir die Dinger ja quasi nachwerfen derzeit. Also nicht im wortwörtlichen Sinne – stell dir mal vor, jemand wirft ein Klavier nach dir, wie krass ist das denn? Egal, wir haben jetzt ein Klavier und ein Kinderschlagzeug daheim, warum, ist ja wurscht, und dann liegt es schon nahe, dass die Kinder da Stunden nehmen könnten. Der Vater der Kinder hat, nur mal probehalber, noch sein altes Akkordeon und seine Trompete bei uns gelassen, weil die Kinder vielleicht in die Blaskapelle wollen. Etwas Tradition schadet nicht, aber no pressure. Frei nach dem Lustprinzip! In der Kinderfeuerwehr sind die Kinder ja auch freiwillig, und nur durch Freiwilligkeit ist das alles was wert.

Ich bin auf jeden Fall stolz darauf, dass wir mit dem Thema Hobbys so easy umgehen und die Kinder nicht zu Tode fördern, weil sie zu langweilig zum Spieleerfinden sind und wir zu genervt, um uns mit ihnen abzugeben. Für unser Umfeld ist es trotzdem manchmal schwer zu verstehen, dass sie auf so vielen Gebieten so begabt sind. Und ich sage auch immer zu allen, dass es mir leidtut, weil niemand ahnen konnte, wie gut die Gene von mir und meinem Ex-Mann doch harmonieren. Hätten ja zwei ausgemachte Deppen werden können, die beiden. Ist aber nicht so. Und das, obwohl mir mein Sohn vom Wickeltisch gefallen ist und meine Tochter so viel Pre-Milch abbekommen hat. Ich muss ehrlich sagen: Ich hatte nicht erwartet, dass beide schon Lust darauf hatten, mit fünf Englisch zu lernen. Aber jetzt können sie sich schon total easy Fish and Chips bestellen und *Harry Potter* im Original anschauen.

»Vroni 1, alles kann – nichts muss«, habe ich zu meiner Tochter gesagt, als sie letzte Woche darauf bestanden hat, mit Italienisch anzufangen. Aber dank dieser Sprachlern-Apps ist das alles kein Problem mehr.

Na ja, das mal alles zur Ergänzung. Ich habe mich also gar nicht so verändert zu früher. Und dass ich jetzt nicht begeistert bin, wenn meine Tochter Essen mit Dreck paniert, das ist ja wohl klar. Obwohl die Stimmung wieder okay ist, entschließe ich mich wegen der Sushi-Sache zu einer Mischung aus Strafe und Belohnung: Ich lasse meine Kinder heute am Abend eine Doku zum Thema Klimawandel und Ressourcenschonung auf dem Disney-Kanal anschauen. Mit Erfolg! Beide sind danach so ergriffen, dass sie weinen.

Ich setze mich zu den zwei laut aufheulenden Kindern auf die Couch, umarme sie und schaue ihnen danach tief in die Augen.

»Versteht ihr jetzt, warum man mit Essen einfach respektvoll umgehen muss?«

Meine Tochter kann nicht sprechen, weil sie weint.

Mein Sohn hat einen feuerroten Kopf und schreit: »Wenn die scheiß Welt eh so schlecht beieinander is, dann tanz i keinen einzigen Tag mehr dieses blöde Ballett!«

»Na ja, so war das jetzt nicht gemeint.«

»Ich mach gar nichts mehr, außer Fußball spielen, weil mir das echt Spaß macht. Der Rest kann mich gernhaben!«

Meine Tochter schnieft, wischt sich den Rotz am Ärmel ab und murmelt: »Nie wieder esse ich Fleisch!«

»Jetzt beruhigt euch doch mal beide, was ist denn jetzt euer Problem schon wieder?«

»Was du an Benzin verfährst mit dem Ballett … Dabei hasse ich dieses Tanzen. Ich mache das nur wegen dir!« Mein Sohn ist außer sich. »Morgen pflanzen wir einen Baum! Wir müssen etwas tun!«

Meine Tochter verfällt in Panik.

Ich versuche, das Ganze mit meiner üblichen Strategie zu bewältigen: die Kinder irgendwas erledigen lassen, um sie von allem abzulenken. »Ihr geht jetzt Zähne putzen und dann ins Bett. Den Rest erledigen wir morgen.« So machen die das in der Politik auch immer. Wenn die Welt brennt, ein Krieg in Europa ausbricht oder unser Geld nichts mehr wert ist, sagen sie so was wie: »Jetzt geht mal alle nach dem *Tatort* ins Bett, und morgen ist vielleicht schon Marihuana legalisiert und die Mehrwertsteuer auf Gemüse weg. Das ist doch auch was!«

Wenig später plagt mich das schlechte Gewissen, und ich schleiche zu unserem Schlafzimmer. Aufgeregt höre ich meine Kinder flüstern, als würden sie einen Plan schmieden.

»Wir müssen uns überlegen, was wir wirklich brauchen und was nicht! Los, ich schreibe auf.« Meine Tochter klingt wie eine getriebene Start-up-Gründerin nach einer Nase Koks.

»Ich brauche eigentlich nix, außer euch und die Katze!« Mein Sohn sorgt in meinem Herzen für ein warmes Gefühl. Ich komme aus meinem Lauschposten, klopfe an die offene Tür und lege mich in die Mitte des Familienbetts. Die beiden kuscheln sich an mich und philosophieren, wie man es schaffen kann, dass die Welt sich ändert.

»Wisst ihr, Kinder, am wichtigsten ist, dass ihr euch selbst nicht ändert. Bleibt so. Dann wird das«, sage ich.

Fünf Minuten später sind wir alle eingeschlafen. In drei Zimmern im Haus brennt noch Licht. Aber so ganz perfekt kann man eben nicht sein.

Und was wird aus dir?

Wenn man eine junge Mutter ist, dann orientiert man sich zwischen den jeweiligen Entwicklungsschritten dauernd neu. Zunächst denkt man, dass es nicht langweiliger werden kann als in der Zeit, in der sich das Kind null bewegt. Und man fühlt sich eingesperrt und als Milchkuh missbraucht. Oder als Hafer, wenn vegan. Und dann gibt es einen Schub, das Kind hat auf einmal einen Bewegungsradius, und man merkt: Es ist immer anders scheiße. Denn jetzt muss man alles sichern, noch höllischer aufpassen als zuvor eh schon, und das Kind ist unzufrieden, weil es Dinge nicht erreicht. Also hofft man, dass es endlich besser vorwärtskommt. Aber dann schafft es das und man merkt: Wenn das Gehirn noch keine Gefahren einschätzen kann, ist das mit dem Bewegen ungünstig. Und so geht das weiter.

Mit einem Kleinkind fragst du dich zum Beispiel, ob das eigentlich stimmt, dass ein Mixer die Kopfhaut abziehen kann, wenn Haare reinkommen. Und kurz bevor der nächste Schub passiert, hat man sich an alles gewöhnt und sich eingegroovt und man hört sich zu Freundinnen sagen: »Jetzt

gerade haben wir eine gute Phase, das Zahnen der Backenzähne war wirklich ein Horror.« Und die Freundinnen antworten dann Dinge wie: »Ja, warte mal ab, bis die Milch-
zahnpubertät kommt, da geht's dann noch mal ab!« Und
klar, natürlich haben die in der Retrospektive fast immer
recht. Aber will ich das denn wissen? Jetzt, wo ich gerade die
Backenzähne geschafft habe? Nein. Lasst mich mein kurzes
Glücks-Plateau genießen und haltet's Maul, bitte.

Aber so sind wir nun mal im Eltern- und Erziehungsbe-
rechtigten-Biz. Wir verstehen alle geschafften Hürden unseres Kindes auch als Überlegenheit gegenüber Jungeltern –
und da wir nur noch wenig im Leben haben, mit dem wir
prahlen können, prahlen wir mit unserer Erfahrung. Mit
langweiligen Geschichten, wie dies oder das bei unseren
Kindern war und mit Tipps und einer leicht herablassend
wissenden Art. Furchtbar. Natürlich bin ich genauso. Ich
fühle mich Neueltern überlegen, obwohl ich vollkommen
ohne Plan und im Affekt erziehe.

Und wenn ich mir meine Wünsche für meine Kinder anschaue, dann haben die sich inzwischen auch stark verändert. Vor ein paar Jahren habe ich in ihnen noch angehende
Genies gesehen. Inzwischen ist mir eigentlich egal, was sie
mal werden. Ich bin nur froh, wenn wir alle Hausaufgaben
fertig bekommen, der Tag geschafft ist. Und alle heil im
Bett. So ungefähr um zweiundzwanzig Uhr. Mehr Ansprüche ans Leben habe ich nicht mehr.

Also, ich bin nicht emotions- und regungslos. Ganz kalt
lässt es mich nicht. Ich erwarte mir halt jetzt nix Spezielles
mehr. Früher hatte ich noch richtungsweisende Ideale.
Zum Beispiel habe ich mal mit einigen Menschen dauerhaft
gebrochen, seit sie bei einem Grillfest darauf bestanden,

dass meine Tochter den Schnuller dem Osterhasen übergeben müsse. Ich weiß noch, wie ich, vollkommen co-abhängig, meiner Tochter aus der Bauchtasche meines Kapuzenpullis neue Schnuller zugesteckt habe und sie ständig von verschiedenen Leuten wieder abgenommen wurden.

»Eva, wenn du ihr ständig neue Schnuller gibst, dann lernt sie nichts fürs Leben!«

»Aber sie ist erst zwei! Sie muss doch noch gar nichts lernen. Sie kann doch einen Diddi (Schnuller auf Bairisch) haben, solange wie sie will.«

»Klar, und die Hasch-Pfeife, die nimmst ihr später auch nicht ab.«

»Die nehme ich ihr nicht ab, aber ich rede mit ihr drüber.«

»Über was? Dass du ihr alles abnimmst?«

»Ich nehme ihr doch nichts ab, das sagte ich doch gerade!«

»Aber damit nimmst du ihr alles ab, nämlich die Erkenntnis, dass es im Leben auch mal hart ist.«

»Aber die braucht sie mit zwei Jahren nicht, diese Erkenntnis!« Ich habe längst gebrüllt, und alle auf der Terrasse waren genervt von mir.

Es ist nicht leicht, neue erzieherische Leitlinien einzuziehen, dachte ich damals. Heute frage ich mich, was ich denn überhaupt noch erreichen will. Habe ich noch Leitlinien? Oder bin ich längst wie eine korrumpierte Politikerin von den Umständen und den jeweiligen Lobbys innerlich aufgekauft worden?

Nein. Es haben nicht nur die anderen schuld. Klar liegt so ein Verlust an Idealen nicht allein an der ständig kritisierenden, siebengescheiten und belehrenden Umwelt, sondern auch an dem kontinuierlichen unabsichtlichen Scheitern von mir selbst. Wenn man zum Beispiel dem Baby ein Fläschchen macht und erst sehr viel später – lang nach einem komischen Brechanfall des Kindes – checkt, dass im Wasserkocher noch der Essig zum Entkalken war –, diese Momente machen schon demütig. Mich zumindest. Da ist man nur noch froh, wenn das Kind irgendwann meine Pflege und Erziehung mit achtzehn überlebt hat.

Ich glaube, dass der Eintritt in die Schule der endgültige Point of no Return für mich war, ambitionsmäßig. Das frühe Aufstehen hat mich gebrochen, das ständige Gebundensein an die Ferien ebenso und ganz besonders diese dauerlatente Frage, ob es mich eigentlich interessiert, was aus Kindern mal wird. Und ob ich denn überhaupt über eine Handhabe verfüge in dem Ganzen? Machen die nicht eh, was sie wollen? Bin ich nicht nur zum Unterstützen hier?

Wenn ich mit Freundinnen zusammensitze, die in Städten wohnen und offen diskutieren, welche Schule denn welches pädagogische Profil hat, fühle ich mich wie ein Depp. Weil es bei uns eben nur eine Schule weit und breit gibt. Nicht einmal den Einfluss konnte ich auf die Zukunft meiner Kinder nehmen. Und auf diese eine Schule geht jetzt eben meine Tochter. Sie leidet zwar, weil sie seit zwei Jahren in den Pausen bewusst von anderen Kindern geschnitten wird, aber sie geht auf die Schule. Alles andere wäre ein logistischer Wahnsinn gewesen. Verbunden mit stundenlangem Herumfahren. Auch hier haben einige Leute in unserem Umfeld etwas von »gut für die Charakterbildung« gemurmelt, aber ich glaube nicht, dass das gut für sie ist, wenn sie schlecht Anschluss findet und abends bei der Brotzeit über ihrem Butterbrot weint. Ich glaube sogar, dass das richtig schlecht ist für ihre Entwicklung. Sehr schlecht. Und jeden Abend reden wir mit ihr darüber. Ich versuche, sie aufzubauen, und Vroni 2 verspricht, alle zu vermöbeln, wenn er erst mal auch auf dem Pausenhof ist. Das freut mich, aber ich muss natürlich dankend ablehnen, weil Gewalt keine Lösung ist, sagt man. Und weil ich ja nicht immer Kinder bedrohen kann, so wie Luca im Kindergarten. Niemand mag Kinder, deren Mütter Stunk machen, weil sie ausgeschlossen werden. Aber sonst werden sie genauso ausgeschlossen. Es ist eine Zwickmühle. Ich will nichts sagen, aber ich will dennoch schreien, denn es ist eine rasende Ungerechtigkeit, die meiner Tochter und zwei anderen Kindern in der Klasse widerfährt. Und weil ich es nicht ertragen kann, wenn sie so weint.

Und wir diskutieren, wie sie die Klügere sein und darüberstehen und sich mit anderen zusammentun kann. Ich erkläre, warum es Kinder gibt, die sie gerne mögen, aber wenn die anderen Kinder dabei sind, nicht stark genug sind, sich zu ihr zu bekennen. Klar möchte ich sie alle Namen heißen und stinksauer schreien, aber das hilft meiner Tochter halt nicht, befürchte ich.

Früher habe ich gedacht, dass ich meine Kinder nie fernsehen lasse, weil ich den Medieneinfluss auf ihr Gehirn vermeiden wollte. Spätestens in der Trotzphase habe ich sie glotzen lassen, um mal meine Ruhe zu haben. Und um dann festzustellen, dass sie nach zwanzig Minuten noch übler drauf sind, wenn man Netflix ausmacht. Und nach einer Stunde noch schlimmer. Und so sind sie dann manchmal vor dem Gerät eingepennt oder haben selbst ausgemacht. Weil wir nach acht Stunden Arbeit und zwei Kindern in der Autonomiephase einfach nicht mehr konnten.

Heute weiß ich, dass es für meine Kinder nicht mehr wichtig ist fernzusehen. Sie wollen glücklich sein. Es bringt nichts, wenn ich meine Tochter vor die Glotze setze und hoffe, dass sie die Situation am Schulhof vergisst. Aber es bringt etwas, wenn ich mit ihr darüber rede, ihr die Welt zeige und mit ihr im Zug nach Berlin fahre. Und dann sitzt meine Tochter in Berlin auf dem Tempelhofer Feld nach drei Tagen Hauptstadt und weint und sagt: »Hier sind alle ein wenig anders, hier will ich wohnen!«

Puh, das ist jetzt schon ein wenig viel … Mein Sohn und ich schauen uns stumm an, während wir sie trösten. Wir verstehen genau, was sie meint. Sie meint, dass sie sich so fremd fühlt an ihrer Dorfschule, dass sie am liebsten da wäre, wo niemand fremd ist, weil es alles gibt. In einer Multikulti-Schule in Berlin.

»I ziag ned um«, sagt mein Sohn trocken.

Ich könnte das alleine finanziell gar nicht stemmen, aber irgendwie muss ich diesem Kind doch helfen. Es reicht nicht, wenn ich mir denke: Ach, die wird ihren Weg schon gehen, alle berühmten Musikerinnen in der Indie-Szene waren Underdogs in der Schule!

Ich habe als Mama schon so viele Vorsätze über Bord geworfen, so oft geplant oder vollkommen unkoordiniert alles anders gemacht, als ich ursprünglich wollte. Ich habe für meine Kinder gekämpft, gestritten und sie aber auch manchmal recht gefordert. Und was weiß ich über dieses Erziehen? Überhaupt nichts. Weiß ich, was gut für sie wäre? Vielleicht. Lässt es sich immer umsetzen? Nein. Und ich versuche, ihnen beizubringen, dass so viel eben nicht selbstverständlich ist. Wir sprechen über Kriege, Probleme und auch Möglichkeiten, Dinge zu ändern.

Und wir beschließen, möglichst oft nach Berlin zu fahren, weil meine Tochter da strahlt. Zwei Tage nach unserer letzten Rückkehr aus Berlin sitzt sie am Schreibtisch und malt.

»Was malst du?«, frage ich.

»Ich male irgendwas.«

»Was ist denn los?«

»Nix.«

»Aha.«

»Es läuft ziemlich viel verkehrt auf der Welt!«

»Ja, da bist du – glaube ich – einer großen, großen Sache auf der Spur!«

»Mama, ich meins ernst!«

»Und was machen wir jetzt? Ich befürchte einfach, wir können an vielen Dingen nichts ändern. Ich kann euch ja mal nicht immer helfen, wenn ihr Probleme habt. Und ich weiß auch gar nicht, ob es gut wäre, wenn ich das könnte.«

»Mama, ich will Dinge ändern. Ich will Politikerin werden!«

»Oh! Du wolltest doch immer Krankenschwester werden. Immer!«

»Jetzt nicht mehr!«

Es herrscht Schweigen im Raum, und meine Tochter fuhrwerkt ewig in dem Grün ihres Malkastens herum.

Ich wollte damals auch Bundeskanzlerin werden. Das steht noch heute in den meisten Freundebüchern, die ich in der Schulzeit ausgefüllt habe. Berufswunsch: Bundeskanzlerin. Ging auch vorüber. Und in den Neunzigern war das noch richtig was zu lachen. Andere Eltern sprachen meine Eltern prustend auf den Berufswunsch ihrer Tochter an. Bundeskanzlerin! Konnte man sich gar nicht vorstellen!

Ich schaue aus dem Fenster, es regnet in Strömen.

»Mama?«

»Mmh?«

»Kann man als Politikerin noch ab und zu malen?«

»Ja. Das Einzige, was du machen solltest, wenn du wirklich Politikerin werden willst, ist deinen achten Band von *Harry Potter*, den du schreiben willst, besser nicht zu schreiben. Wegen so was kann man schnell nicht Politikerin werden. Das mögen sie gar nicht, weil das nachgemacht ist.«

»Echt? Okay. Dann male ich nur nebenbei.«

»Gut!«

»Ich hab dich lieb!«

»Ich dich auch!«

Als ich aus dem Zimmer gehe, weiß ich wieder nicht, ob ich das gut finde mit dem neuen Berufswunsch. Als belesene Idealistin würde sie das alles sicher super machen, trotz meiner Erziehung. Aber ich glaube, dass es schwierig ist, so ein Leben als Politikerin zu führen. Und ich weiß nicht, ob ich das Glück meiner Tochter für das Glück dieses Landes opfern will. Wobei ich das Glück meiner Tochter bereits opfere, um in der Schule nicht als Helikoptermutter zu gelten, die sich in Kinderstreits einmischt. Ich werde das jetzt mal bei der Lehrerin ansprechen, das schwöre ich mir.

Am nächsten Tag kommt meine Tochter aus der Schule und erklärt mir, dass sie die Situation geregelt hat.

»Ich wollte das einfach mal in der ganzen Klasse ansprechen, dass es nicht sein kann, dass sich drei SchülerInnen in der Pause nicht wohlfühlen.«

Mir läuft ein kalter Schauer über den Rücken. »Und?«

»Es ist geklärt. Sie lassen uns in Ruhe und wir sie. Das war gut, darüber zu reden!«

Ja, sie kann Politikerin werden. Aber auch alles andere. Obwohl ich ihr den Schnuller noch bis sie fünf war heimlich zugesteckt habe.

»Ich brauche keinen Penis, um
einen ETF-Sparplan anzulegen.«
Julia Brandner

ALLE LIEFERBAREN TITEL, INFORMATIONEN UND SPECIALS
FINDEN SIE ONLINE

Auch als eBook   www.dtv.de **dtv**